El Ritual del Pan de Masa Madre Casero

100 recetas paso a paso para crear panes crujientes y sabrosos desde tu cocina

Carmen Sánchez

Material con derechos de autor ©2025

Reservados todos los derechos

Sin el debido consentimiento por escrito del editor y propietario de los derechos de autor, este libro no se puede utilizar ni distribuir de ninguna manera, excepto por breves citas utilizadas en una reseña. Este libro no debe considerarse un sustituto del asesoramiento médico, legal o de otro tipo profesional.

TABLA DE CONTENIDO

TABLA DE CONTENIDO 3
INTRODUCCIÓN 7
PANES DE MASA MADRE CLÁSICOS 8
1. Pan De Cebolla Caramelizada 9
2. Pan de jalapeño con queso 12
3. Pan de nueces y arándanos 15
4. Pan Fifty/Fifty Blanco y Trigo 17
5. Pan De Queso Gruyere 19
6. Pan de hierbas italiano 21
7. Pan de sémola de Mateo 24
8. Pan De Avena 26
9. Pan de ajo asado 28
10. Pan De Romero 30
11. Pan Sándwich Suave 32
12. Pan de cereales gastados 35
13. Pan de tomates secados al sol y albahaca 37
14. Pan de semillas de girasol 39
15. Pan De Nueces 42
16. Pan integral 44
17. Masa Madre De Avena 46
18. italiano 48
19. Pan De Romero 50
20. Pan De Queso Y Sésamo 52
21. Pan de Masa Madre con Té Verde 55
22. Pan de masa madre de trigo inglés 57

23.	Pan De Zanahoria	59
24.	Pan De Avena	61
25.	Pan De Lentejas	63
26.	Pan dulce de Karlsbad	65
27.	Gugelhupf	67
28.	Panecillo	69
29.	Bollos de trigo	71

GALLETAS, BAGELS, BOLLOS, ROLLOS Y MÁS ... 73

30.	Galletas De Tocino Y Queso	74
31.	Bagels	76
32.	Empanadas de carne y verduras	79
33.	Bagels de arándanos	82
34.	cuernos de mantequilla	85
35.	Bagels de queso cheddar	87
36.	Galletas De Queso Y Cebolleta	90
37.	Bagels de queso y jalapeños	92
38.	Bagels de canela y pasas	95
39.	pan de maíz	98
40.	Panecillos	100
41.	Magdalenas inglesas	103
42.	Todo bagels	105
43.	Rollitos alemanes de centeno y trigo	107
44.	Panes de hamburguesa	110
45.	Pan de hot-dog	113
46.	Galletas de la noche a la mañana	115
47.	corteza de pizza	118
48.	Pretzels	120
49.	Galletas Rápidas	122
50.	Galletas rápidas de suero de leche	124

51.	Pan Rústico	126
52.	Crutones De Salvia	128
53.	Bagels de centeno de crecimiento lento	130
54.	Bagels de trigo	133
55.	Masa de pizza de trigo	136

COSAS PARA EL DESAYUNO 138

56.	buñuelos de manzana	139
57.	Buñuelos de manzana sobre la marcha	141
58.	Panqueques de manzana	143
59.	Cazuela De Desayuno Con Tocino	145
60.	panqueques de arándano	147
61.	waffles de Mora azul	149
62.	Cazuela De Brunch	151
63.	Panqueques de trigo sarraceno	153
64.	Panqueques de suero de leche	155
65.	Rollos de canela	157
66.	Bebé holandés	161
67.	Cereales calientes	163
68.	Waffles ligeros y aireados	165
69.	panqueques de harina de avena	167
70.	Panqueques de la noche a la mañana	169
71.	Panqueques De Calabaza	171
72.	Panqueques Rápidos	173
73.	Waffles Rápidos	175
74.	Panqueques De Centeno	177
75.	Estratos de pan de masa madre y salchicha	179
76.	Pan De Masa Madre Tostada Francesa	181
77.	Sapo en el agujero	183
78.	Panqueques Integrales	185

MASA MADRE DE CENTENO 187
- 79. Pan de centeno 188
- 80. Levain 190
- 81. Ciabatta de centeno 192
- 82. Pan Campesino Francés 194
- 83. Pan De Avellanas 196
- 84. Pan Dulce Ruso 198
- 85. Pan de centeno danés 200
- 86. Pan De Nueces 202
- 87. Pan de Espelta con Naranja 204
- 88. Pan De Anís 206
- 89. Pan De Girasol 208
- 90. Pan De Cerveza 210
- 91. Pan De Centeno Crujiente 212
- 92. Pan Crujiente Sabroso 214
- 93. Galletas finas 216
- 94. Pan de patata 218

MASA MADRE DE ESPELTA 220
- 95. Masa Madre de Espelta 221
- 96. Pan de masa madre de espelta y centeno 223
- 97. Bagels de masa madre de espelta 225
- 98. Masa Madre De Patata 227
- 99. Masa Madre De Lentejas 229
- 100. Pan de oliva 232

CONCLUSIÓN 234

INTRODUCCIÓN

¡Bienvenido al mundo de la masa madre de Homestead! Este libro de cocina es la guía definitiva para cualquiera que ame el sabor y la textura rústicos y artesanales del pan de masa madre. Ya sea que sea un panadero experimentado o un principiante, en este libro encontrará todo lo que necesita saber sobre cómo hacer y hornear un delicioso pan de masa madre.

En su interior encontrará docenas de deliciosas recetas de pan de masa madre, bollos, bagels y más. Desde panes clásicos hasta giros creativos, hay algo para todos en este libro de cocina. Aprenderá cómo crear su propia masa madre, cómo amasar y darle forma a la masa y cómo lograr el aumento y horneado perfectos.

Pero este libro es más que una simple colección de recetas. Es una celebración del estilo de vida campesino y las tradiciones de elaboración artesanal de pan. Aprenderás sobre la historia de la masa madre, los beneficios de usar levadura natural y la satisfacción que genera hacer tu propio pan desde cero.

Entonces, ya sea que esté buscando abastecer su despensa con pan delicioso y saludable o simplemente quiera explorar el mundo de la cocción con masa madre, Homestead Sourdough es la guía definitiva para usted.

Granja, masa madre, artesanal, rústico, hecho en casa, pan, recetas, delicioso, panes, bagels, hornear, entrante, amasar, dar forma, elevar, hornear, granja, estilo de vida, tradiciones, levadura natural, despensa, saludable, cero.

PANES DE MASA MADRE CLÁSICOS

1. Pan De Cebolla Caramelizada

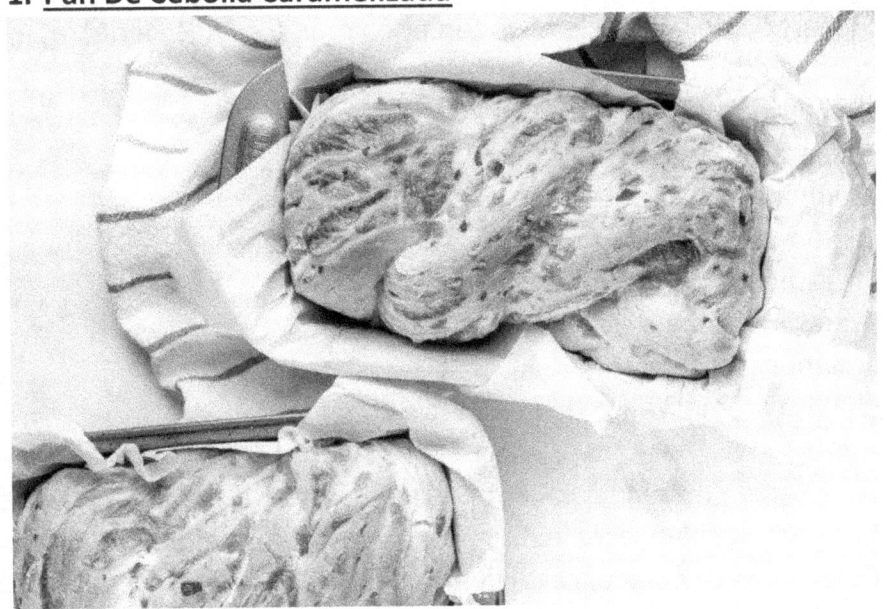

cebollas caramelizadas
1 cucharada de aceite de oliva (un poco más si es necesario)
½ cebolla grande, picada en trozos pequeños
¼ cucharadita azúcar granulada
¼ cucharadita sal
Masa de pan
533 gramos. harina para todo uso sin blanquear
267 gramos. arrancador activo
267 gramos. agua
13 gramos. sal
Cebollas caramelizadas de la receta anterior

En una sartén mediana, calienta el aceite a fuego medio. Agrega la cebolla y revuelve para cubrir los trozos con aceite. Agregue el azúcar y la sal y cocine, revolviendo para que los trozos de cebolla no se quemen, hasta que las cebollas se ablanden y adquieran un color dorado claro (aproximadamente 20 minutos). Si las cebollas parecen secarse, puedes agregar una pequeña cantidad de aceite para evitar que se peguen a la sartén y se quemen. Cuando esté listo, transfiera las cebollas caramelizadas a un recipiente pequeño y refrigérelas hasta que las necesite.
En un tazón grande, combine todos los ingredientes excepto la sal y las cebollas caramelizadas. Cubre el bol con film transparente y deja reposar la masa a temperatura ambiente durante unos 30 minutos. Espolvorea sal por toda la masa y vuelve a mezclar bien para incorporar completamente la sal. Manteniendo la masa en el recipiente, estirar y doblar la masa 3 veces, cubriendo el bol con film transparente y dejando reposar la masa durante 30 minutos entre sesiones cada vez. Después de la tercera sesión de estirar y doblar, tapa la masa y déjala reposar durante 30 minutos. Luego agrega las cebollas caramelizadas, amasando suavemente para comenzar a mezclar los trozos por toda la masa. Realiza 3 estiramientos y dobleces más con 30 minutos de diferencia, cubriendo el cuenco entre sesiones.

Manteniendo el tazón cubierto con una envoltura de plástico, deje que la masa crezca hasta que duplique, generalmente de 4 a 8 horas o toda la noche.

Con cuidado, coloca la masa sobre una superficie de trabajo enharinada y dale forma. Cubrir con film transparente y dejar reposar durante unas 4 horas o hasta que casi duplique.

Corta la parte superior. Precalienta el horno a 400 a 450° y hornea de 45 a 50 minutos o hasta que esté cocido.

Rinde 1 pan

2. Pan de jalapeño con queso

Inicio
50 gramos. harina para todo uso sin blanquear
50 gramos. agua
15 gramos. inicio
Masa de pan
Entrante hecho la noche anterior
360 gramos. agua
500 gramos. harina para todo uso sin blanquear o una combinación de harina integral y para todo uso
10 gramos. sal
50 gramos. chiles jalapeños en rodajas (frescos, asados o encurtidos)
100 gramos. queso cheddar fuerte, rallado

La noche anterior:
En el tazón grande en el que planeas hacer la masa de pan, mezcla los ingredientes iniciales; cubra con una envoltura de plástico y deje que el iniciador repose a temperatura ambiente durante la noche.
A la mañana siguiente:
En el recipiente que contiene el entrante preparado, agregue el agua y revuelva para combinar. Batir la harina y la sal y añadir a la masa madre, mezclando con las manos y trabajando hasta que no queden trozos secos de harina. (Me gusta mezclar aproximadamente la mitad de la mezcla de harina con una cuchara grande y luego agregar la mezcla de harina restante y mezclar a mano). Cubra el tazón con papel film y deje reposar la masa a temperatura ambiente durante 2 horas.
Realiza 2 series de estiramientos y dobleces con 30 minutos de diferencia y tapa el bol cuando la masa esté reposando. Después del segundo período de estirar, doblar y reposar, agregue los chiles jalapeños y el queso y estire y doble de 3 a 4 veces más a intervalos de 30 minutos, cubriendo el tazón cada vez. Después del último estirado y doblado, tapa el bol y deja reposar la masa durante 2 a 3 horas.

Coloque la masa sobre una superficie de trabajo enharinada y déle forma de círculo u oblongo. Enharinar el exterior de la masa, taparla y dejar reposar a temperatura ambiente durante unas 3 horas.

Precalienta el horno a 450°. Si usa una olla holandesa o una panificadora similar, coloque la fuente para hornear en el horno para precalentar también.

Corta la parte superior del pan con una navaja o un cojo y luego coloca con cuidado el pan en la olla precalentada. (Yo uso la tapa como base y la propia olla como tapa, ya que es mucho más fácil colocar el pan).

Hornee tapado durante 30 minutos; retire la parte superior y continúe horneando durante 20 a 25 minutos más. Si usa una piedra o bandeja para hornear, coloque una cacerola con agua hirviendo en el horno sobre una rejilla debajo del pan para agregar vapor a la cocción. Retire el pan de la olla y colóquelo sobre una rejilla para que se enfríe antes de cortarlo.

Rinde 1 pan

3. Pan de nueces y arándanos

200 gramos. harina para todo uso sin blanquear
200 gramos. harina de trigo integral
20 gramos. trozos de nuez
20 gramos. arándanos secos
10 gramos. sal
200 gramos. arrancador activo
225 gramos. agua

En un tazón mediano, mezcle las harinas, los trozos de nuez, los arándanos secos y la sal. Agregue los ingredientes restantes, mezcle para combinar y luego deje reposar la masa durante unos 30 minutos. Manteniendo la masa en el recipiente, estirar y doblar la masa unas 6 veces en intervalos de 30 minutos. Al principio, las inclusiones tenderán a caerse, pero usa tus dedos para presionarlas suavemente en la masa mientras la estiras y doblas. A medida que continúes con las sesiones de estiramiento y plegado, las nueces y los arándanos se incorporarán uniformemente en todas partes. Cubra el tazón y deje que la masa crezca hasta que se duplique, generalmente de 4 a 8 horas o toda la noche.
Con cuidado, coloca la masa sobre una superficie de trabajo enharinada y dale forma. Cubra y deje reposar durante aproximadamente 4 horas o hasta que esté bien levantado.
Corta la parte superior. Precalienta el horno a 400 a 450° y hornea durante 40 a 50 minutos o hasta que esté cocido. Dejar enfriar sobre una rejilla.
Rinde 1 pan

4. Pan Fifty/Fifty Blanco y Trigo

225 gramos. agua
200 gramos. arrancador activo
200 gramos. harina para todo uso sin blanquear
200 gramos. harina de trigo integral
10 gramos. sal

En un tazón grande, mezcle todos los ingredientes excepto la sal. Cubre el bol con film transparente y deja reposar la masa a temperatura ambiente durante unos 30 minutos. Espolvorea sal sobre la masa y vuelve a mezclar bien para incorporar completamente la sal. Manteniendo la masa en el recipiente, estirar y doblar la masa unas 6 veces en intervalos de 30 minutos, cubriendo el bol con film transparente cada vez. Manteniendo el tazón cubierto con una envoltura de plástico, deje que la masa crezca hasta que duplique, generalmente de 4 a 8 horas o toda la noche.
Con cuidado, coloca la masa sobre una superficie de trabajo enharinada y dale forma. Cubra con film transparente y déjelo reposar durante aproximadamente 4 horas o hasta que duplique.
Corta la parte superior. Precalienta el horno a 400 a 450° y hornea de 45 a 55 minutos o hasta que esté cocido. Dejar enfriar sobre una rejilla.
Rinde 1 pan

5. Pan De Queso Gruyere

300 gramos. agua
267 gramos. arrancador activo
267 gramos. harina para todo uso sin blanquear
267 gramos. harina de trigo integral
13 gramos. sal
50 gramos. Queso gruyere, rallado

En un bol grande, mezcla todos los ingredientes excepto la sal y el queso gruyere. Cubre el bol con film transparente y deja reposar la masa a temperatura ambiente durante unos 30 minutos. Espolvorea sal sobre la masa y vuelve a mezclar bien para incorporar completamente la sal. Tapar la masa y dejar reposar durante 30 minutos.

Manteniendo la masa en el recipiente, estirar y doblar la masa cada 30 minutos. Haga esto 3 veces, cubriendo el recipiente con film transparente después de cada sesión.

Agrega el queso gruyere, haciendo lo mejor que puedas para mezclarlo con toda la masa. Estira y dobla la masa 3 veces más (para un total de 6 veces), cubriendo el bol con film transparente después de cada sesión.

Manteniendo el recipiente cubierto con film transparente, deje que la masa crezca hasta que duplique, generalmente de 4 a 8 horas o toda la noche.

Con cuidado, coloca la masa sobre una superficie de trabajo enharinada y dale forma. Cubra el pan con film transparente y déjelo reposar durante 2 a 4 horas o hasta que suba al menos la mitad.

Corta la parte superior. Precalienta el horno a 400 a 450° y hornea de 45 a 55 minutos o hasta que esté cocido. Dejar enfriar sobre una rejilla.

Rinde 1 pan

6. Pan de hierbas italiano

240 gramos. arrancador activo
15 gramos. manteca
240 gramos. leche
1 cucharadita sal
1 cucharadita azúcar granulada
½ cucharadita tomillo seco
½ cucharadita Orégano seco
½ cucharadita albahaca seca
490 gramos. harina para todo uso sin blanquear

La noche anterior:
En un tazón grande, agregue el iniciador. Derrita la mantequilla en un recipiente apto para microondas que sea lo suficientemente grande como para contener también la leche; Cocine en el microondas hasta que la mantequilla esté completamente derretida. Vierte la leche en el bol que contiene la mantequilla derretida y luego agrega la sal, el azúcar, el tomillo, el orégano y la albahaca. Mezclar bien. Verifique que la mezcla de leche no esté a más de 100°; cuando esté lo suficientemente frío, viértelo en el bol que contiene la masa madre y vuelve a mezclar bien. Agrega la harina una taza a la vez y mezcla después de cada adición. Cuando la masa esté demasiado dura para mezclarla a mano, colóquela sobre una superficie de trabajo enharinada y amásela, agregando harina a medida que avanza, hasta que la masa esté suave y satinada. Esto tardará 8 minutos o más. Vuelva a colocar la masa en un tazón limpio para mezclar. Cubre el bol con film transparente y déjalo reposar a temperatura ambiente durante la noche. A la mañana siguiente,
A la mañana siguiente:
Con cuidado, coloca la masa sobre una superficie de trabajo enharinada y déjala reposar durante 30 minutos. Dale a la masa la forma que desees. Coloque el pan en una bandeja para hornear forrada con papel pergamino, sobre una estera para hornear de silicona o en un molde para pan engrasado. Déjelo crecer a temperatura ambiente durante 2 a 4 horas o hasta que el pan

duplique su tamaño (si se usa un molde para pan, déjelo subir hasta la parte superior del molde).
Puedes hornear el pan de dos maneras:
- Coloque el molde en un horno frío y luego gírelo a 375°. Hornea por 70 minutos.
- Precalienta el horno a 450° y hornea el pan durante 40 a 45 minutos.

Retire el pan del horno (o del molde para pan) y colóquelo sobre una rejilla para que se enfríe.
Rinde 1 pan

7. Pan de sémola de Mateo

300 gramos. harina para todo uso sin blanquear
225 gramos. agua
200 gramos. arrancador activo
100 gramos. harina de sémola
10 gramos. sal

En un bol grande, mezcla todos los ingredientes excepto la sal. Cubre el bol con film transparente y deja reposar la masa a temperatura ambiente durante unos 30 minutos. Espolvorea sal sobre la masa y vuelve a mezclar bien para incorporar completamente la sal. Manteniendo la masa en el recipiente, estirar y doblar la masa cada 30 minutos aproximadamente, unas 5 o 6 veces, cubriendo el bol con film transparente cada vez. Cubra el tazón y deje que la masa crezca hasta que se duplique, generalmente de 4 a 8 horas o toda la noche.

Con cuidado, coloca la masa sobre una superficie de trabajo enharinada y dale forma. Cubra el pan con film transparente y déjelo reposar a temperatura ambiente durante 2 a 4 horas o hasta que duplique su tamaño.

Corta la parte superior. Precalienta el horno a 400 a 450° y hornea de 40 a 45 minutos o hasta que esté cocido. Dejar enfriar sobre una rejilla.

Rinde 1 pan

8. Pan De Avena

3 tazas de harina para todo uso
2 tazas de iniciador activo
1½ tazas de copos de avena a la antigua
1 a 1½ tazas de leche, calentada a aproximadamente 90°
3 cucharadas de miel
2 cucharadas de aceite de oliva
1½ cucharadita. sal

En un tazón grande, combine todos los ingredientes y mezcle hasta que se forme una masa; tapa el bol y deja reposar la masa durante 30 minutos.

Amasar la masa durante unos 6 minutos, usando harina para evitar que la masa se pegue pero tratando de usar la menor cantidad posible para que la masa quede suave (yo suelo amasar en el bol). Vierta la masa en otro tazón grande que haya sido engrasado. Tapar y dejar reposar la masa a temperatura ambiente durante 2 horas.

Dale forma a la masa y colócala en un molde para pan grande engrasado. Cubra y deje reposar a temperatura ambiente durante otras 2 a 4 horas.

Precalienta el horno a 375° y hornea de 50 a 55 minutos o hasta que esté cocido. Retire el pan y déjelo enfriar sobre una rejilla durante 15 a 20 minutos antes de cortarlo.

Rinde 1 pan

9. Pan de ajo asado

800 gramos. harina para todo uso sin blanquear
20 gramos. sal
3 a 4 dientes de ajo asados, cortados por la mitad o en tercios transversalmente y luego en rodajas finas
400 gramos. arrancador activo
400 gramos. agua

En un tazón mediano, mezcle la harina, la sal y los trozos de ajo asado. Agregue los ingredientes restantes, mezcle para combinar, cubra el recipiente con papel film y luego deje reposar la masa durante unos 30 minutos. Manteniendo la masa en el recipiente, estirar y doblar la masa cada 30 minutos aproximadamente, unas 6 veces, cubriendo el bol con film transparente cada vez. Manteniendo el recipiente tapado, deja que la masa suba hasta que se duplique, generalmente de 4 a 8 horas o toda la noche.

Con cuidado, coloca la masa sobre una superficie de trabajo enharinada y dale forma. Cubra el pan con film transparente y déjelo reposar durante aproximadamente 4 horas o hasta que duplique su tamaño.

Corta la parte superior. Precalienta el horno a 400 a 450° y hornea durante 40 a 50 minutos o hasta que esté cocido. Dejar enfriar sobre una rejilla.

Rinde 1 pan grande o 2 pequeños

10. Pan De Romero

400 gramos. harina para todo uso sin blanquear
200 gramos. arrancador activo
200 gramos. agua
20 gramos. romero fresco, finamente picado o cortado
10 gramos. sal

En un bol grande, mezcla todos los ingredientes excepto el romero y la sal. Cubre el bol con film transparente y deja reposar la masa a temperatura ambiente durante unos 30 minutos. Espolvorea el romero y la sal por toda la masa y vuelve a mezclar bien para incorporar completamente los ingredientes añadidos. Manteniendo la masa en el recipiente, estirar y doblar la masa cada 30 minutos aproximadamente, unas 6 veces, cubriendo el bol con film transparente cada vez. Manteniendo el recipiente cubierto con film transparente, deja que la masa suba hasta que casi se doble, generalmente entre 4 y 8 horas o toda la noche.

Con cuidado, coloca la masa sobre una superficie de trabajo enharinada y dale forma. Cubrir con film transparente y dejar reposar durante unas 4 horas o hasta que haya subido bien.

Corta la parte superior. Precalienta el horno a 400 a 450° y hornea durante 40 a 50 minutos o hasta que esté cocido. Dejar enfriar sobre una rejilla.

Rinde 1 pan

11. Pan Sándwich Suave

28 gramos. manteca
240 gramos. leche, calentada casi hasta hervir
224 gramos. arrancador activo
12 gramos. azúcar granulada
9 gramos. sal
350 gramos. harina para todo uso sin blanquear
1 huevo batido

Coloca la mantequilla en la leche caliente y revuelve para derretir la mantequilla; enfríe la mezcla de leche a 100°.

En un tazón grande, mezcle la mezcla de leche, la masa madre, el azúcar y la sal para combinar. Agrega la harina poco a poco hasta que ya no puedas mezclar la masa con las manos. Coloque la masa sobre una superficie de trabajo enharinada y amase con la harina restante. Continúe amasando durante varios minutos, usando la menor cantidad de harina extra posible. La masa debe quedar suave y ligeramente pegajosa.

Forme una bola redonda y suave con la masa y colóquela en un tazón grande engrasado o engrasado, volteando la masa para cubrir todas las superficies. Cubre el recipiente con film transparente y déjalo reposar a temperatura ambiente durante 30 minutos.

Estira y dobla la masa un total de 2 veces en intervalos de 30 minutos y manteniendo el bol tapado entre cada vez. Deja reposar la masa tapada a temperatura ambiente durante 1 hora; luego estire y doble 3 veces en intervalos de 1 hora, manteniendo el recipiente tapado entre cada vez.

A estas alturas la masa debe estar muy vivaz y ligera, pero si no, tapar la masa y dejar reposar una o dos horas más.

Engrase un molde para pan y déjelo a un lado mientras le da forma a la masa para que quepa dentro del molde para pan, teniendo cuidado de formar suavemente la masa para mantenerla ligera y aireada. Coloque la masa en el molde para pan preparado, cubra el molde con un paño de cocina húmedo o una envoltura de plástico engrasada (para que la masa no se pegue) y colóquelo en la encimera hasta que la masa haya subido a la parte superior del molde, o aproximadamente se duplicó en volumen. (Esto debería tomar entre 1 y 2 horas).

Precalienta el horno a 350°. Corta la hogaza por la mitad y hornéala durante 30 a 40 minutos o hasta que el pan esté cocido y la parte superior tenga un color dorado claro.

Deje que el pan repose en el molde para pan durante 5 minutos antes de sacarlo del molde y colocarlo sobre una rejilla para enfriar hasta que esté completamente frío.

Rinde 1 pan

12. Pan de cereales gastados

225 gramos. agua
200 gramos. arrancador activo
200 gramos. harina para todo uso sin blanquear
200 gramos. harina de trigo integral
⅓ a ½ taza de bagazo (ver nota)
10 gramos. sal

Nota: El grano gastado es lo que queda del proceso de elaboración de la cerveza. Puede obtener fácilmente grano sobrante preguntándole a un amigo que elabora cerveza en casa los restos de grano sobrante, o puede llamar a una cervecería local; probablemente le darán o venderán con gusto todo lo que desee. Obtengo el grano sobrante de una cervecería local y, una vez en casa, mido el grano en porciones de ½ taza, elimino todo el aire que puedo y los congelo en recipientes adecuados. Descongelar y utilizar según sea necesario.

En un tazón grande, mezcle todos los ingredientes excepto el grano sobrante y la sal. Cubre el bol con film transparente y deja reposar la masa a temperatura ambiente durante unos 30 minutos. Espolvoree el grano sobrante y la sal sobre la masa y mezcle bien nuevamente para incorporar completamente la sal. Deje reposar la masa por segunda vez, unos 45 minutos. Manteniendo la masa en el recipiente, estirar y doblar la masa unas 6 veces en intervalos de 30 minutos, cubriendo el bol con film transparente cada vez. Manteniendo el tazón cubierto con una envoltura de plástico, deje que la masa crezca hasta que duplique, generalmente de 4 a 8 horas o toda la noche.

Con cuidado, coloca la masa sobre una superficie de trabajo enharinada y dale forma. Cubra con film transparente y déjelo reposar durante aproximadamente 4 horas o hasta que duplique.

Corta la parte superior. Precalienta el horno a 400 a 450° y hornea de 45 a 55 minutos o hasta que esté cocido. Dejar enfriar sobre una rejilla.

Rinde 1 pan

13. Pan de tomates secados al sol y albahaca

225 gramos. agua
200 gramos. arrancador activo
200 gramos. harina para todo uso sin blanquear
200 gramos. harina de trigo integral
10 gramos. sal
30 gramos. tomates secados al sol, cortados en trozos pequeños (no más grandes que una chispa de chocolate)
1 cucharadita colmada. hojas secas de albahaca (no use albahaca molida)

En un bol grande, mezcle todos los ingredientes excepto los tomates secos y la albahaca. Deja reposar la masa durante unos 30 minutos. Manteniendo la masa en el recipiente, estira y dobla la masa, tapa el bol y deja reposar por 30 minutos; estirar y doblar la masa por segunda vez, tapar el bol y dejar reposar otros 30 minutos. Ahora agrega los tomates secados al sol y la albahaca, haciendo lo mejor que puedas para espolvorear los trozos por toda la masa; estira y dobla la masa 4 veces más, tapando el bol y dejando reposar la masa 30 minutos entre cada vez. Con cada sesión posterior de estirar y doblar, notarás que los tomates secados al sol y la albahaca se distribuirán de manera más uniforme por toda la masa.

Cubra el tazón y deje que la masa crezca hasta que se duplique, generalmente de 4 a 8 horas o toda la noche.

Con cuidado, coloca la masa sobre una superficie de trabajo enharinada y dale forma. Cubra y deje reposar durante aproximadamente 4 horas o hasta que se duplique.

Corta la parte superior. Precalienta el horno a 400 a 450° y hornea de 40 a 45 minutos o hasta que esté cocido. Dejar enfriar sobre una rejilla.

Rinde 1 pan

14. Pan de semillas de girasol

240 gramos. arrancador activo
1 cucharada de mantequilla
240 gramos. leche
½ taza de semillas de girasol crudas
1 cucharada de miel
1 cucharadita sal
175 gramos. harina de trigo integral
140 gramos. harina dura (puede sustituir la mitad de harina integral y la mitad de harina para todo uso sin blanquear)
175 gramos. harina para todo uso sin blanquear
Vierta la masa madre en un tazón grande y reserve por ahora.

La noche anterior:

En un recipiente apto para microondas, derrita la mantequilla y luego agregue la leche; agregue las semillas de girasol, la miel y la sal. Verifique la temperatura de la mezcla de mantequilla y leche para asegurarse de que no esté a más de 100°. Cuando esté lo suficientemente fría, agregue esta mezcla al tazón grande que contiene el iniciador y combine bien. Agrega la harina integral y el trigo duro y mezcla a mano. Comience a agregar la harina para todo uso poco a poco, mezclando después de cada adición. Cuando la masa esté demasiado dura para mezclarla a mano, colóquela sobre una superficie de trabajo enharinada y amase con la harina restante. Continúe amasando la masa hasta que esté suave y satinada (aproximadamente 8 minutos). Cubra el recipiente con film transparente y deje reposar la masa a temperatura ambiente durante la noche para duplicar su volumen.

A la mañana siguiente:

Con cuidado, coloque la masa sobre una superficie de trabajo enharinada y déjela reposar durante 30 minutos. Dale a la masa la forma que desees. Coloque el pan en una bandeja para hornear o en un molde para pan y déjelo crecer a temperatura ambiente durante 2 a 4 horas, o el tiempo que necesite para que el pan duplique su tamaño (si se usa un molde para pan, déjelo crecer hasta la parte superior del molde para pan).

Coloque el molde en un horno frío y luego gírelo a 375°. Hornee durante 65 a 70 minutos. Retire el pan del horno (y del molde para pan si lo usa) y colóquelo sobre una rejilla para que se enfríe.

Rinde 1 pan

15. **Pan De Nueces**

200 gramos. harina para todo uso sin blanquear
200 gramos. harina de trigo integral
40 gramos. pedazos de nueces
10 gramos. sal
225 gramos. agua
200 gramos. arrancador activo
1 cucharada de aceite de nuez (opcional)

En un tazón mediano, mezcle las harinas, los trozos de nuez y la sal. Agregue los ingredientes restantes, mezcle para combinar y luego deje reposar la masa durante unos 30 minutos. Manteniendo la masa en el recipiente, estirar y doblar la masa cada 30 minutos aproximadamente unas 6 veces. Cubra el tazón y deje que la masa crezca hasta que se duplique, generalmente de 4 a 8 horas o toda la noche.

Con cuidado, coloca la masa sobre una superficie de trabajo enharinada y dale forma. Cubra y deje reposar durante aproximadamente 4 horas o hasta que se duplique.

Corta la parte superior. Precalienta el horno a 400 a 450° y hornea durante 40 a 50 minutos o hasta que esté cocido. Dejar enfriar sobre una rejilla.

Rinde 1 pan

16. **Pan integral**

400 gramos. harina de trigo integral
250 gramos. agua
200 gramos. inicio
10 gramos. sal

En un bol grande, mezcla todos los ingredientes excepto la sal. Deje reposar la masa durante unos 45 minutos; espolvoree la sal sobre la masa y mezcle bien nuevamente para incorporar completamente la sal. Manteniendo la masa en el recipiente, estirar y doblar la masa cada 30 minutos aproximadamente unas 6 veces. Cubra el tazón y deje que la masa crezca hasta que se duplique, generalmente de 4 a 8 horas o toda la noche.

Con cuidado, coloca la masa sobre una superficie de trabajo enharinada y dale forma. Cubra y deje reposar durante aproximadamente 4 horas o hasta que se duplique.

Corta la parte superior. Precalienta el horno a 400 a 450° y hornea de 40 a 45 minutos o hasta que esté cocido. Dejar enfriar sobre una rejilla.

Rinde 1 pan

17. Masa Madre De Avena

Ingredientes
- 1 taza (200 ml) de copos de avena
- ¼ de taza (50 ml) de agua a temperatura ambiente
- 2 manzanas, peladas y ralladas

Direcciones

a) Mezcla la avena en una licuadora hasta que alcance una consistencia similar a la harina.

b) Combine los ingredientes y déjelos reposar durante 2 a 4 días en un frasco de vidrio con tapa hermética. Revuelva por la mañana y por la noche.

c) La masa madre estará lista cuando la mezcla empiece a burbujear. A partir de este momento sólo queda "alimentar" la masa para que conserve su sabor y capacidad de fermentar. Si dejas la masa madre en el frigorífico, deberás alimentarla una vez a la semana con ½ taza (100 ml) de agua y 1 taza (100 g) de harina de avena. Si mantienes la masa madre a temperatura ambiente, conviene alimentarla todos los días, de la misma forma. La consistencia debe parecerse a una papilla espesa.

d) Si te sobra masa madre, puedes congelarla en recipientes con capacidad para media taza.

18. <u>italiano</u>

Rinde 3 panes
Ingredientes
Día 1
- ⅔ taza (150 g) de agua a temperatura ambiente
- 2 tazas (250 g) de harina de trigo
- 1 ¾ cucharaditas (5 g) de levadura fresca

Dia 2
- 9 tazas (1,1 kg) de harina de trigo
- 2 tazas (500 ml) de agua a temperatura ambiente
- 12 onzas. (350 g) masa madre de trigo
- ½–1 cucharadas de miel
- ½ cucharadas (10 g) de sal

Direcciones
a) Mezclar bien los ingredientes. Dejar reposar la masa en el frigorífico durante unas 12 horas.
b) Agrega todos los ingredientes menos la sal a la masa que preparaste el día anterior. Amasar hasta que quede elástico y añadir la sal.
c) Dividir la masa en tres partes y darles forma de panes redondos. Sumerja suavemente los panes en harina y colóquelos en una bandeja para hornear engrasada.
d) Deje reposar los panes en el frigorífico durante unas 10 horas.
e) Hornee los panes a 475 °F (240 °C) durante 25 a 30 minutos.

19. Pan De Romero

Rinde 1 pan

Ingredientes

- 3 onzas. (80 g) masa madre de trigo
- 2 tazas (250 g) de harina de trigo
- ½ taza (125 ml) de agua, temperatura ambiente
- 3½ cucharaditas (10 g) de levadura fresca
- 1 cucharadita (5 g) de sal
- 1 cucharadas de aceite de oliva
- romero fresco

Direcciones

a) Mezcla todos los ingredientes, excepto el aceite y el romero, hasta tener una masa suave. Déjalo reposar durante 20 minutos.

b) Extiende la masa y dale forma de rectángulo de aproximadamente 3 mm (un décimo de pulgada) de espesor.

c) Unte con aceite de oliva. Picar el romero y espolvorear sobre la masa. Luego, enrolla la masa desde el lado corto del rectángulo. Asegure los extremos.

d) Deje reposar el pan durante unos 30 minutos y haga una incisión profunda en el centro del rollo de masa para que todas las capas sean visibles. Déjalo reposar otros 10 minutos.

e) Temperatura inicial del horno: 475°F (250°C)

f) Coloca el pan en el horno. Espolvorea una taza de agua en el fondo del horno. Baje la temperatura a 400°F (210°C) y hornee por unos 20 minutos.

g) Unte la masa con aceite y esparza el romero uniformemente por encima.

h) Enrollar la masa. Pellizca los extremos juntos.

i) Marque el pan después de que haya subido.

20. Pan De Queso Y Sésamo

Rinde 3 panes
Ingredientes
Día 1
- 8½ onzas (240 g) masa madre de trigo
- 1½ taza (350 ml) de agua, temperatura ambiente
- 1½ taza (200 g) de harina de trigo duro
- 1½ taza (200 g) de harina de trigo

Dia 2
- 1 cucharada (15 g) de sal
- 2¼ taza (250 g) de queso rallado, como suizo añejo o emmental
- ½ taza (100 ml) de semillas de sésamo tostadas
- 3⅔ tazas (400 g) de harina de trigo (la cantidad variará según el queso utilizado) aceite de oliva para el bol

Direcciones

a) Mezclar bien los ingredientes y dejar reposar en el frigorífico durante unas 12 horas.

b) Saca la masa del frigorífico con mucha antelación para asegurarte de que no esté demasiado fría. Agrega sal, queso, semillas de sésamo y harina. Cuanto más seco esté el queso, menos harina necesitarás. Mezclar bien y dejar reposar en un bol engrasado y cubierto con papel de aluminio hasta que la masa haya duplicado su tamaño.

c) Extiende con cuidado la masa sobre una mesa y córtala en tercios. Con cuidado, forme panes redondos. Coloque los panes en una bandeja para hornear engrasada y deje reposar el pan durante aproximadamente 30 minutos.

d) Temperatura inicial del horno: 450 °F (230 °C)

e) Mete el pan en el horno y reduce la temperatura a 400°F (210°C). Hornee por unos 30 minutos.

f) Tostar las semillas de sésamo en una sartén seca. Deje enfriar las semillas de sésamo antes de mezclar la masa.

g) Cuando la masa esté lista, forme con cuidado panes redondos.

h) Después de que los panes hayan subido durante treinta minutos, enharine y haga incisiones suavemente en la parte superior de los panes antes de colocarlos en el horno.

21. Pan de Masa Madre con Té Verde

Hace un pan
Ingredientes
- 1 taza (250 ml) de té verde fuerte, tibio
- 7 onzas (200 g) masa madre de trigo
- 1 cucharada (15 g) de sal
- 5 tazas (600 g) de harina de trigo y aceite de oliva para el bol

Direcciones

a) Mezclar los ingredientes y amasar bien. Dejar reposar la masa en un bol engrasado y tapado durante 1 hora.

b) Vierta suavemente la masa sobre una mesa para hornear. Debería fluir ligeramente.

c) Doble con cuidado el pan y colóquelo en una bandeja para hornear engrasada. Déjalo reposar otros 30 minutos.

d) Temperatura inicial del horno: 475 °F (250 °C)

e) Coloca el pan en el horno y espolvorea una taza de agua en el fondo del horno. Reduzca la temperatura a 400 °F (200 °C).

f) Hornea el pan durante unos 25 minutos.

22. Pan de masa madre de trigo inglés

Rinde 1 pan

Ingredientes

- ¾ onzas (20 g) de levadura fresca
- 1¼ taza (300 ml) de agua a temperatura ambiente
- 5½ tazas (650 g) de harina integral
- 5 onzas (150 g) masa madre de trigo
- 1 cucharada (15 g) de sal
- 1 cucharada de azúcar sin refinar
- ¼ de taza (50 ml) de aceite de oliva
- mantequilla derretida para cepillar

Direcciones

a) Disolver la levadura en un poco de agua. Mezclar bien todos los ingredientes y amasar bien. Si necesita más agua de la especificada, intente agregar poco a poco. La cantidad es sólo una aproximación, ya que la capacidad de respuesta de la harina puede variar.

b) Forme una hogaza con la masa amasada y déjela crecer hasta que duplique su volumen, aproximadamente entre 45 y 60 minutos.

c) Unte un poco de mantequilla derretida encima del pan antes de colocarlo en el horno.

d) Coloca el pan en el horno y espolvorea una taza de agua en el fondo del horno. Reduzca la temperatura a 400 °F (200 °C).

e) Hornea el pan durante unos 30 minutos.

23. Pan De Zanahoria

Rinde 2 o 3 panes
Ingredientes
- ½ taza (100 ml) de leche, temperatura ambiente
- 1¾ cucharaditas (5 g) de levadura fresca
- 1 cucharada (15 g) de sal
- 3¾ tazas (450 g) de harina de trigo integral
- 1 taza (100 g) de copos de avena
- 5 onzas (150 g) masa madre de trigo
- 1 taza (200 ml) de agua a temperatura ambiente
- 2 tazas (250 g) de zanahorias ralladas

Direcciones
a) Combina la leche y la levadura. Mezclar todos los ingredientes, excepto las zanahorias. Amasar la masa durante unos 10 minutos. Añade las zanahorias ralladas y amasa un poco más.
b) Deje que la masa suba durante 60 a 90 minutos en un lugar cálido.
c) Temperatura inicial del horno: 475 °F (250 °C)
d) Coloca los panes en el horno y hornea por 10 minutos. Baje la temperatura a 350 °F (180 °C) y hornee por aproximadamente 30 minutos más.
e) Asa la avena en una sartén antiadherente.
f) Amasar la masa durante unos 10 minutos. Agrega la zanahoria rallada.

24. Pan De Avena

Rinde 3 panes
Ingredientes
- 1 tanda de masa madre de avena
- ½ taza (125 ml) de agua, temperatura ambiente
- ½ cucharadas (10 g) de sal
- 2 cucharaditas (15 g) de miel
- aprox. 2½ tazas (300 g) de harina de trigo
- unos copos de avena

Direcciones

a) Mezclar todos los ingredientes excepto los copos de avena y amasar bien. Deje reposar la masa durante 2 a 3 horas.

b) Forme tres panes redondos con la masa. Pincelar con agua y mojar el pan en los copos de avena. Deje reposar la masa en una bandeja para hornear engrasada durante otros 45 minutos.

c) Hornee los panes a 375 °F (190 °C) durante aproximadamente 20 minutos.

25. Pan De Lentejas

Rinde 1 pan
Ingredientes
- 1 tanda de masa madre de lentejas
- ¼ de taza (50 g) de aceite de oliva
- 2 cucharaditas (10 g) de sal marina
- ½ taza (100 ml) de agua, temperatura ambiente
- 2 tazas (250 g) de harina de trigo

Direcciones

a) Mezclar los ingredientes y amasar bien. Si la masa queda demasiado suelta, añade un poco más de harina. Coloca la masa en el frigorífico durante la noche.

b) Retirar la masa y amasar un poco más. Forme una hogaza con la masa y colóquela en una bandeja para hornear engrasada.

c) Dejar reposar el pan en el frigorífico durante unas 12 horas.

d) Saca el pan del frigorífico y déjalo reposar a temperatura ambiente durante 30 minutos antes de meterlo al horno. Hornea el pan a 400°F (200°C) durante unos 30 minutos.

26. Pan dulce de Karlsbad

Rinde unos 30 bollos

Ingredientes

- 1⅔ tazas (400 ml) de leche, temperatura ambiente
- 7 onzas (200 g) masa madre de trigo
- 9 tazas (1 kg) de harina de trigo
- 3½ cucharadas (30 g) de levadura fresca
- 1 taza (250 g) de mantequilla
- 1 taza (200 g) de azúcar
- 6 yemas de huevo
- ½ cucharadas (10 g) de sal
- 1 huevo para pintar

Direcciones

a) Mezcla 1¼ taza (300 ml) de leche con la masa madre, la mitad de la harina y la levadura. Déjelo reposar durante aproximadamente 1 hora.

b) Derretir la mantequilla y dejar enfriar.

c) Mezclar todos los ingredientes con la masa. Amasar la masa hasta que quede suave.

d) Forme una treintena de bollos o medias lunas con la masa y colóquelos en una bandeja para hornear engrasada.

e) Déjalos reposar debajo de un paño hasta que los bollos hayan duplicado su tamaño.

f) Pincelar los bollos con el huevo batido. Hornee a 400°F (210°C) durante unos 10 minutos.

27. <u>Gugelhupf</u>

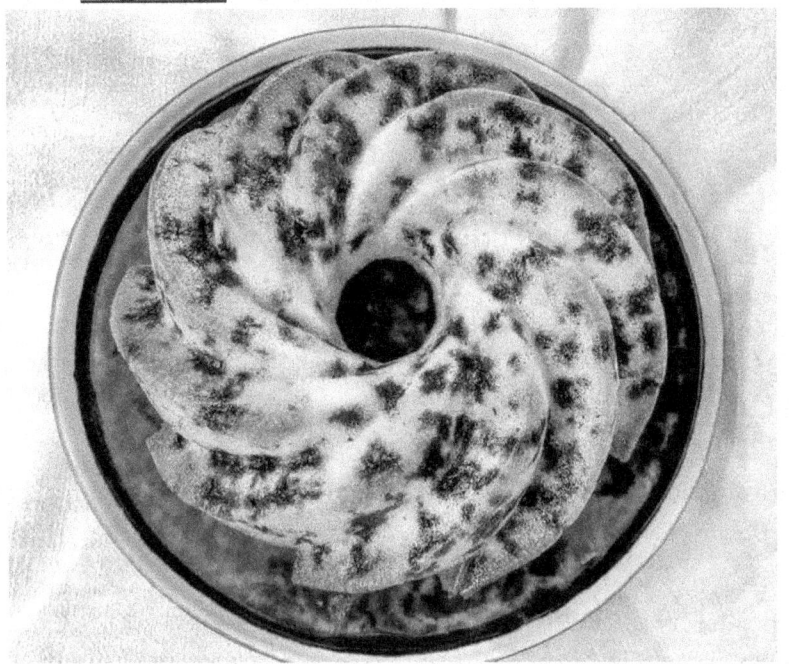

Rinde 1 o 2 pasteles
Ingredientes
Paso 1
- 1¾ cucharaditas (5 g) de levadura fresca
- 1 taza (250 ml) de leche, temperatura ambiente
- 3 tazas (375 g) de harina de trigo
- 3½ onzas (100 g) masa madre de trigo

Paso 2
- 1 taza (200 ml) de leche, temperatura ambiente
- 3¾ tazas (450 g) de harina de trigo
- ½ taza (100 g) de azúcar
- ¾ taza (175 g) de mantequilla derretida, enfriada
- 3 a 4 huevos Ralladura de 1 limón 1 taza (150 g) de pasas Azúcar en polvo para decorar

Direcciones

a) Disolver la levadura en un poco de leche. Agrega los demás ingredientes y mezcla bien. Deje que la masa crezca durante 1 a 2 horas.

b) Agregue todos los ingredientes a la masa y mezcle bien. Llene uno o dos moldes Bundt de 11 × 7 × 1 ½ pulgadas (1 ½ litro) engrasados y enharinados hasta la mitad con masa. Deje que la masa crezca hasta que sea aproximadamente un 30 por ciento más grande, o durante 1 hora.

c) Hornee a 390 °F (200 °C) durante 20 a 30 minutos. Deja que el bizcocho se enfríe antes de sacarlo del molde. Por último, espolvorear con el azúcar glass.

d) Mezcla la masa con los ingredientes del paso dos y revuelve bien.

e) Rellenar con masa los moldes engrasados y enharinados hasta la mitad.

f) Deje que el pastel horneado se enfríe antes de cortarlo.

28. Panecillo

Rinde unos 20 rollos

Ingredientes
- 3½ onzas (100 g) masa madre de trigo
- 3½ tazas (450 g) de harina de trigo
- ⅔ taza (75 ml) de leche, temperatura ambiente 5¼ cucharaditas (15 g) de levadura fresca
- 5 huevos
- ⅔ taza (75 g) de azúcar
- 1½ cucharadas (25 g) de sal
- 1½ taza (350 g) de mantequilla sin sal, ablandada
- 1 huevo para pintar

Direcciones
a) Mezclar la masa madre con la mitad de la harina de trigo, la leche y la levadura. Deje reposar la mezcla durante unas 2 horas.
b) Agrega todos los ingredientes excepto la mantequilla y mezcla bien. Luego, agrega la mantequilla poco a poco, aproximadamente ¼ de taza (50 g) a la vez. Amasar bien.
c) Cubrir con un paño y dejar reposar la masa durante unos 30 minutos.
d) Forme veinte bollos pequeños y suaves. Colócalas en moldes para cupcakes y déjalas reposar hasta que hayan duplicado su tamaño. Pincelar los bollos con el huevo.
e) Hornea el brioche a 210 °C (400 °F) durante unos 10 minutos.

29. Bollos de trigo

Rinde unos 35 bollos

Ingredientes

- 2 tazas (500 ml) de leche, temperatura ambiente
- 1¾ onzas (50 g) masa madre de trigo
- 9½ tazas (1¼ kg) de harina de trigo
- 1 taza (200 g) de mantequilla
- ½ taza (75 g) de levadura fresca
- ½ taza (165 g) de almíbar blanco
- ½ oz. (15 g) cardamomo molido
- 1 cucharadita (5 g) de sal 1 huevo para untar Azúcar perlado para decorar

Direcciones

a) Mezclar 1⅔ de taza (400 ml) de leche con la masa madre y la mitad de la harina. Deje reposar durante aproximadamente 1 hora.

b) Derretir la mantequilla y dejar enfriar.

c) Disuelva la levadura en la leche restante. Cuando esté listo, agregue todos los ingredientes a la primera masa y mezcle bien. Amasar hasta que quede suave.

d) Forme treinta y cinco bollos con la masa y colóquelos en una bandeja para hornear engrasada. Déjalas reposar debajo de un paño hasta que hayan doblado su tamaño.

e) Pincelamos los bollos con el huevo batido y espolvoreamos con un poco de azúcar perlada. Hornee a 400°F (210°C) durante unos 10 minutos.

GALLETAS, BAGELS, BOLLOS, ROLLOS Y MÁS

30. Galletas De Tocino Y Queso

1 taza de harina para todo uso sin blanquear
2 cucharaditas Levadura en polvo
½ cucharadita bicarbonato
¼ cucharadita sal
⅓ taza de mantequilla muy fría, en cubitos
¾ taza de queso cheddar rallado
8 rebanadas de tocino, cocido, enfriado y desmenuzado
1 taza de iniciador activo

Precalienta el horno a 425°. Forre una bandeja para hornear con una estera de silicona para hornear o papel pergamino; dejar de lado por ahora.

En un tazón mediano, mezcle la harina, el polvo para hornear, el bicarbonato de sodio y la sal. Con un cortador de masa o un tenedor, mezcle la mantequilla hasta que la mezcla se desmenuce, trabajando rápidamente para que la mantequilla no se caliente demasiado. Incorpora el queso y el tocino. Luego, agregue ¾ de taza de masa madre y mezcle hasta que se forme una masa suave, agregando el resto de la masa madre si es necesario.

Coloque la masa sobre una superficie de trabajo enharinada y amase suavemente unas cuantas veces. Con las manos o con un rodillo, aplana la masa hasta que tenga aproximadamente 1 pulgada de espesor. Con un cortador de galletas enharinado o un cuchillo afilado, córtela en 10 a 12 galletas. Coloque las galletas en la bandeja para hornear preparada y hornee de 12 a 15 minutos o hasta que estén infladas y doradas.

Rinde de 10 a 12 galletas

31. Bagels

2 tazas de iniciador activo (480 g.)
2 huevos batidos
½ taza de leche
2 cucharadas de aceite
4 cucharadas de azúcar granulada, cantidad dividida
1 cucharadita sal
3 tazas de harina para todo uso sin blanquear
Nota: Por lo general, preparo una tanda nueva de entrante por la mañana y luego mezclo la masa esa misma noche para poder dejarla reposar durante la noche y cocinar los bagels al día siguiente.
Vierta o saque la masa madre en un tazón grande para mezclar. Agrega los huevos, la leche, el aceite, 2 cucharadas de azúcar y la sal y combina. Agrega la harina, poco a poco, y mezcla a mano. Cuando la masa esté demasiado rígida para seguir mezclando a mano, colóquela sobre una superficie de trabajo enharinada y amase con la harina restante hasta que la masa esté suave y satinada (aproximadamente 8 minutos). Puedes usar harina adicional si es necesario para evitar que la masa se pegue, pero trata de usar la menor cantidad de harina posible. La masa queda muy dura, por lo que puedes usar una batidora de pie si tienes una; Amasar con el gancho amasador durante 5 a 7 minutos.
Coloque la masa en un recipiente limpio o en un tazón grande para mezclar, cúbrala con una envoltura de plástico y déjela reposar a temperatura ambiente durante 8 a 12 horas o toda la noche.

Saque suavemente la masa del tazón y colóquela sobre una superficie de trabajo enharinada. Divida la masa en 12 a 15 trozos iguales. Con las manos, haga una bola y luego gírela hasta formar una cuerda de 6 pulgadas de largo. Junte los extremos de la cuerda de masa para formar un círculo (como una rosquilla) y junte los extremos. Colóquelos sobre la superficie de trabajo o sobre un trozo de papel pergamino. Cubrir con un paño de cocina y dejar reposar los bagels a temperatura ambiente durante 1 a 2 horas o hasta que estén ligeramente inflados.
Precalienta el horno a 425°.

Ponga a hervir 4 litros de agua y agregue las 2 cucharadas restantes de azúcar. Echa los bagels en el agua hirviendo, teniendo cuidado de no amontonarlos en la olla. Cuando suban a la superficie, retírelas con una espumadera, escúrralas sobre un paño de cocina (o puede usar toallas de papel) y luego colóquelas en una bandeja para hornear forrada con papel pergamino engrasado o una estera para hornear de silicona. .

Baje el horno a 375° y coloque los bagels en el horno para hornear durante 25 a 30 minutos o hasta que estén dorados. Colóquelos sobre una rejilla para que se enfríen.

Rinde de 12 a 15 bagels

32. Empanadas de carne y verduras

Corteza
226 gramos. mantequilla muy fría (2 barras) o manteca fría
250 gramos. harina para todo uso sin blanquear
6 gramos. sal
3 gramos. azúcar granulada
250 gramos. deseche el iniciador (lo mejor es desecharlo directamente del refrigerador)
10 gramos. vinagre blanco
Relleno
½ libra de carne molida
2 cucharadas de harina para todo uso sin blanquear
1 cucharada de perejil fresco, picado o 1 cucharadita. hojuelas de perejil seco
¾ cucharadita. sal
1 cucharadita gránulos de caldo de res o 1 cubito de caldo de res
¼ de taza de agua caliente
¾ taza de papas, peladas y cortadas en cubitos pequeños
½ taza de zanahorias, peladas y cortadas en cubitos pequeños
2 cucharadas de cebolla, finamente picada
1 huevo batido junto con 2 cucharadas de agua y una pizca de sal (para el huevo batido)

Usando los agujeros más grandes de un rallador de caja, triture la mantequilla en un tazón grande para mezclar. Trabaja rápido para que la mantequilla permanezca lo más fría posible.

En otro bol, mezcle la harina, la sal y el azúcar; agregue estos ingredientes al tazón y revuelva para cubrir y separar los trozos de mantequilla. Continúe con un cortador de masa para cortar la mantequilla en la mezcla de harina hasta que se formen migajas grandes.

Agrega el iniciador de descarte y el vinagre y usa un tenedor para combinarlos con la mezcla de harina. Cuando la masa comience a solidificarse, use las manos para trabajar rápidamente la masa para que no queden trozos secos de harina. Si la masa te parece demasiado seca, puedes añadir una cucharadita o dos de agua muy fría (agua con hielo si tienes).

Corta la masa en 6 porciones iguales; envuelve cada porción con film transparente y refrigera la masa mientras haces el relleno de carne.

Dore la carne molida en una sartén hasta que la carne ya no esté rosada; escurrir la grasa. Agrega la harina, el perejil y la sal y revuelve bien para cubrir la carne con la harina. Disuelva el caldo en el agua caliente y revuelva con la mezcla de carne. Continuando revolviendo, agregue las patatas, las zanahorias y la cebolla. Tape y cocine a fuego medio hasta que las verduras estén tiernas y crujientes. Retire la sartén del fuego y deje que la mezcla se enfríe. Precalienta el horno a 400°. Forre una bandeja para hornear con papel pergamino o una estera para hornear de silicona.

Retire la masa del refrigerador y extienda cada pieza hasta formar un círculo de 8 pulgadas. Coloque aproximadamente ⅓ de taza colmada de la mezcla de carne ligeramente descentrada en cada círculo de masa. Humedece el borde de la masa y dobla la masa para formar un semicírculo. Engarce los bordes con un tenedor para sellar los bordes. Con un cuchillo muy afilado, haga un corte de 1 pulgada de largo en la parte superior. Cepille la parte superior de las tartas de mano con huevo batido.

Coloque los pasteles de mano en la bandeja para hornear preparada y baje el fuego a 350°. Coloque inmediatamente la bandeja para hornear en el horno y hornee las tartas durante 35 a 40 minutos o hasta que la parte superior esté dorada.

Rinde 6 pasteles

33. Bagels de arándanos

2 tazas de iniciador activo (480 g.)
2 huevos batidos
½ taza de leche
½ taza de arándanos, frescos, secos, congelados y descongelados, o enlatados y escurridos
2 cucharadas de aceite
4 cucharadas de azúcar granulada, cantidad dividida
1 cucharadita sal
3 tazas de harina para todo uso sin blanquear

Nota: Por lo general, preparo una tanda nueva de entrante por la mañana y luego mezclo la masa esa misma noche para poder dejarla reposar durante la noche y cocinar los bagels al día siguiente. Vierta o saque la masa madre en un tazón grande para mezclar. Agrega los huevos, la leche, los arándanos, el aceite, 2 cucharadas de azúcar y la sal y revuelve para combinar. Agrega la harina, poco a poco, y mezcla a mano. Cuando la masa esté demasiado rígida para seguir mezclando a mano, colóquela sobre una superficie de trabajo enharinada y amase con la harina restante hasta que la masa esté suave y satinada (aproximadamente 7 minutos). Puedes usar harina adicional si es necesario para evitar que la masa se pegue, pero trata de usar la menor cantidad de harina posible. La masa queda muy dura, por lo que puedes usar una batidora de pie si tienes una; Amasar con el gancho amasador durante 5 minutos.

Coloque la masa en un recipiente limpio o en un tazón grande para mezclar, cúbrala con una envoltura de plástico y déjela reposar a temperatura ambiente durante 8 a 12 horas o toda la noche.
Saque suavemente la masa del tazón y colóquela sobre una superficie de trabajo enharinada. Divida la masa en 12 a 15 trozos iguales. Con las manos, haga una bola y luego gírela hasta formar una cuerda de 6 pulgadas de largo. Junte los extremos de la cuerda de masa para formar un círculo (como una rosquilla) y junte los extremos. Colóquelos sobre la superficie de trabajo o sobre un trozo de papel pergamino. Cubrir con un paño de cocina y dejar

reposar los bagels a temperatura ambiente durante 1 a 2 horas o hasta que estén ligeramente inflados.

Precalienta el horno a 425°.

Ponga a hervir 4 litros de agua y agregue las 2 cucharadas restantes de azúcar. Echa los bagels en el agua hirviendo, teniendo cuidado de no amontonarlos en la olla. Cuando suban a la superficie, retírelas con una espumadera, escúrralas sobre un paño de cocina (o puede usar toallas de papel) y luego colóquelas en una bandeja para hornear forrada con papel pergamino engrasado o una estera para hornear de silicona. .

Baje el horno a 375° y coloque los bagels en el horno para hornear durante 25 a 30 minutos o hasta que estén dorados. Colóquelos sobre una rejilla para que se enfríen.

Rinde de 12 a 15 bagels

34. cuernos de mantequilla

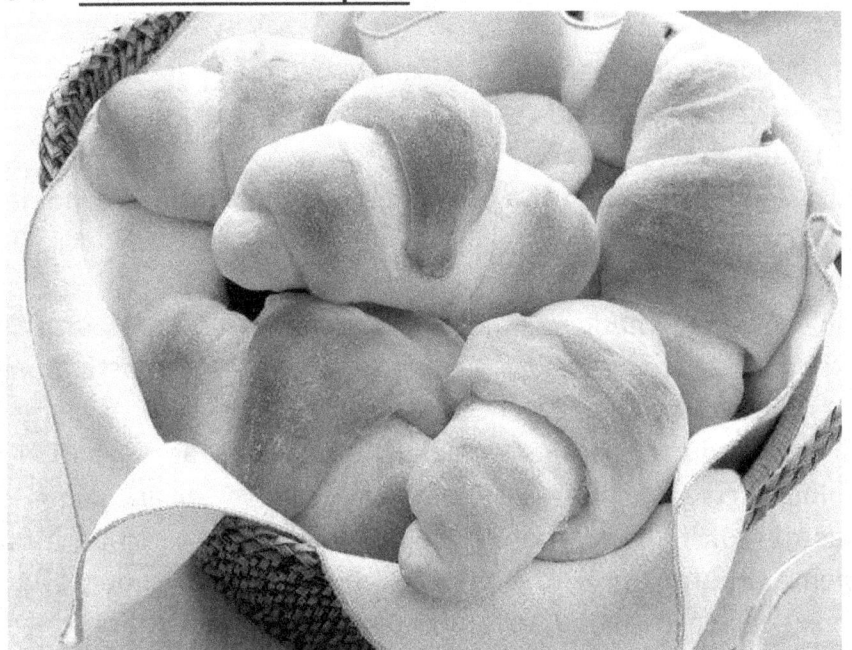

1 taza de leche
½ taza de agua
½ taza (1 barra) de mantequilla, más un poco más para untar
½ taza de azúcar granulada
2 cucharaditas sal
4½ tazas de harina para todo uso sin blanquear, cantidad dividida
1 taza de entrante
3 huevos

En una cacerola mediana, mezcle la leche, el agua, ½ taza de mantequilla, el azúcar y la sal y caliente a fuego lento hasta que la mantequilla se derrita. Coloque la mezcla en un tazón grande y enfríe hasta que esté apenas tibia. Agrega 2 tazas de harina y combina. Agrega la masa madre y vuelve a mezclar. Cubre el recipiente con film transparente y déjalo reposar a temperatura ambiente durante aproximadamente 8 horas o toda la noche.

Agrega suficiente harina restante para hacer una masa suave, suelta y algo pegajosa. Agrega los huevos uno a la vez, mezclando bien después de cada adición. Tapa el bol y déjalo reposar a temperatura ambiente durante 2 horas.

Coloca la masa sobre una superficie de trabajo enharinada y córtala en 3 porciones iguales. Extienda cada porción hasta formar un círculo grueso, algo más grueso que la base de una tarta. Cepille cada círculo con mantequilla derretida y luego corte cada círculo en 12 trozos como si estuviera cortando un pastel. Enrolle cada trozo, comenzando por el extremo grueso y enrollándolo hacia la punta. Coloque los panecillos en bandejas para hornear forradas con una estera de silicona para hornear o papel pergamino. Cubra los panecillos y déjelos reposar a temperatura ambiente hasta que estén suaves y esponjosos (aproximadamente 2 horas).

Precalienta el horno a 350°. Hornee durante 15 minutos o hasta que los panecillos estén ligeramente dorados y bien cocidos.

Sirva solo o con azúcar en polvo espolvoreado por encima.
Hace 36

35. Bagels de queso cheddar

2 tazas de iniciador activo (480 g.)
2 huevos batidos
½ taza de leche
½ taza de queso cheddar fuerte, rallado, y un poco más para espolvorear encima
2 cucharadas de aceite
3 cucharadas de azúcar granulada, cantidad dividida
1 cucharadita sal
3 tazas de harina para todo uso sin blanquear

Nota: Por lo general, preparo una tanda nueva de entrante por la mañana y luego mezclo la masa esa misma noche para poder dejarla reposar durante la noche y cocinar los bagels al día siguiente. Vierta o saque la masa madre en un tazón grande para mezclar. Agrega los huevos, la leche, el queso cheddar, el aceite, 1 cucharada de azúcar y la sal y revuelve para combinar. Agrega la harina, poco a poco, y mezcla a mano. Cuando la masa esté demasiado rígida para seguir mezclando a mano, colóquela sobre una superficie de trabajo enharinada y amase con la harina restante hasta que la masa esté suave y satinada (aproximadamente 8 minutos). Puedes usar harina adicional si es necesario para evitar que la masa se pegue, pero trata de usar la menor cantidad de harina posible. La masa queda muy dura, por lo que puedes usar una batidora de pie si tienes una; Amasar con el gancho amasador durante 5 a 7 minutos.
Coloque la masa en un recipiente limpio o en un tazón grande para mezclar, cúbrala con una envoltura de plástico y déjela reposar a temperatura ambiente durante 8 a 12 horas o toda la noche.
Saque suavemente la masa del tazón y colóquela sobre una superficie de trabajo enharinada. Divida la masa en 12 a 15 trozos iguales. Con las manos, haga una bola y luego gírela hasta formar una cuerda de 6 pulgadas de largo. Junte los extremos de la cuerda de masa para formar un círculo (como una rosquilla) y junte los extremos. Colóquelos sobre la superficie de trabajo o sobre un trozo de papel pergamino. Cubrir con un paño de cocina y dejar

reposar los bagels a temperatura ambiente durante 1 a 2 horas o hasta que estén ligeramente inflados.
Precalienta el horno a 425°.
Ponga a hervir 4 litros de agua y agregue las 2 cucharadas restantes de azúcar. Echa los bagels en el agua hirviendo, teniendo cuidado de no amontonarlos en la olla. Cuando suban a la superficie en unos 30 segundos (o un poco más), retírelas con una espumadera, escúrralas sobre un paño de cocina (o puede usar toallas de papel) y luego colóquelas en una bandeja para hornear que haya sido previamente horneada. forrado con papel pergamino engrasado o un tapete de silicona para hornear. Espolvorea la parte superior de los bagels con una pequeña cantidad de queso rallado si lo deseas. Baje el horno a 375° y coloque los bagels en el horno para hornear durante 25 a 30 minutos o hasta que estén dorados. Colóquelos sobre una rejilla para que se enfríen.
Rinde de 12 a 15 bagels

36. Galletas De Queso Y Cebolleta

1 taza de harina para todo uso sin blanquear
2 cucharaditas Levadura en polvo
½ cucharadita bicarbonato
¼ cucharadita sal
¾ taza de queso cheddar fuerte rallado
½ taza de cebollino picado
⅓ taza de mantequilla muy fría, en cubitos
1 taza de iniciador activo

Precalienta el horno a 425°. Forre una bandeja para hornear con una estera de silicona para hornear o papel pergamino; dejar de lado por ahora.

En un tazón mediano, mezcle la harina, el polvo para hornear, el bicarbonato de sodio y la sal. Agrega el queso y el cebollino. Con un cortador de masa o un tenedor, mezcle la mantequilla hasta que la mezcla se desmenuce, trabajando rápidamente para que la mantequilla no se caliente demasiado. Luego, agregue ¾ de taza de masa madre y mezcle hasta que se forme una masa suave, agregando el resto de la masa madre si es necesario.

Coloque la masa sobre una superficie de trabajo enharinada y amásela suavemente unas cuantas veces. Con las manos o con un rodillo, aplana la masa hasta que tenga aproximadamente 1 pulgada de espesor. Con un cortador de galletas enharinado o un cuchillo afilado, córtela en 10 a 12 galletas. Coloque las galletas en la bandeja para hornear preparada y hornee de 14 a 16 minutos o hasta que estén infladas y doradas.

Rinde de 10 a 12 galletas

37. Bagels de queso y jalapeños

2 tazas de iniciador activo (480 g.)
2 huevos batidos
½ taza de leche
⅓ taza de queso cheddar fuerte, rallado, y un poco más para espolvorear encima
2 cucharadas de aceite
3 cucharadas de azúcar granulada, cantidad dividida
1 cucharadita sal
¼ de taza de chiles jalapeños frescos, asados o encurtidos finamente picados
3 tazas de harina para todo uso sin blanquear

Nota: Por lo general, preparo una tanda nueva de entrante por la mañana y luego mezclo la masa esa misma noche para poder dejarla reposar durante la noche y cocinar los bagels al día siguiente.

Vierta o saque la masa madre en un tazón grande para mezclar. Agrega los huevos, la leche, el queso, el aceite, 1 cucharada de azúcar, la sal y los pimientos y revuelve para combinar. Agrega la harina, poco a poco, y mezcla a mano. Cuando la masa esté demasiado rígida para seguir mezclando a mano, colóquela sobre una superficie de trabajo enharinada y amase con la harina restante hasta que la masa esté suave y satinada (aproximadamente 8 minutos). Puedes usar harina adicional si es necesario para evitar que la masa se pegue, pero trata de usar la menor cantidad de harina posible. La masa queda muy dura, por lo que puedes usar una batidora de pie si tienes una; Amasar con el gancho amasador durante 5 a 7 minutos.

Coloque la masa en un recipiente limpio o en un tazón grande para mezclar, cúbrala con una envoltura de plástico y déjela reposar a temperatura ambiente durante 8 a 12 horas o toda la noche.

Saque suavemente la masa del tazón y colóquela sobre una superficie de trabajo enharinada. Divida la masa en 12 a 15 trozos iguales. Con las manos, haga una bola y luego gírela hasta formar una cuerda de 6 pulgadas de largo. Junte los extremos de la cuerda de masa para formar un círculo (como una rosquilla) y junte los extremos. Colóquelos sobre la superficie de trabajo o sobre un trozo de papel pergamino ligeramente espolvoreado con harina. Cubrir con un paño de cocina y dejar reposar los bagels a temperatura ambiente durante 1 a 2 horas o hasta que estén ligeramente inflados.

Precalienta el horno a 425°.

Ponga a hervir 4 litros de agua y agregue las 2 cucharadas restantes de azúcar. Echa los bagels en el agua hirviendo, teniendo cuidado de no amontonarlos en la olla. Cuando suban a la superficie en aproximadamente 30 segundos, retírelos con una espumadera, escúrralos sobre un paño de cocina (o puede usar toallas de papel) y luego colóquelos en una bandeja para hornear forrada con papel pergamino engrasado. o una estera de silicona para hornear. Espolvorea la parte superior de los bagels con una pequeña cantidad de queso rallado si lo deseas.

Baje el horno a 375° y coloque los bagels en el horno para hornear durante 25 a 30 minutos o hasta que estén dorados. Colóquelos sobre una rejilla para que se enfríen.

Rinde de 12 a 15 bagels

38. Bagels de canela y pasas

2 tazas de iniciador activo (480 g.)
2 huevos batidos
½ taza de leche
½ taza de pasas
2 cucharadas de aceite
4 cucharadas de azúcar granulada, cantidad dividida
1 cucharadita sal
1 cucharadita canela molida
3 tazas de harina para todo uso sin blanquear

Nota: Por lo general, preparo una tanda nueva de entrante por la mañana y luego mezclo la masa esa misma noche para poder dejarla reposar durante la noche y cocinar los bagels al día siguiente. Vierta o saque la masa madre en un tazón grande para mezclar. Agrega los huevos, la leche, las pasas, el aceite, 2 cucharadas de azúcar, la sal y la canela y revuelve para mezclar. Agrega la harina, poco a poco, y mezcla a mano. Cuando la masa esté demasiado rígida para seguir mezclando a mano, colóquela sobre una superficie de trabajo enharinada y amase con la harina restante hasta que la masa esté suave y satinada (aproximadamente 8 minutos). Puedes usar harina adicional si es necesario para evitar que la masa se pegue, pero trata de usar la menor cantidad de harina posible. La masa queda muy dura, por lo que puedes usar una batidora de pie si tienes una; Amasar con el gancho amasador durante 5 a 7 minutos.

Coloque la masa en un recipiente limpio o en un tazón grande para mezclar, cúbrala con una envoltura de plástico y déjela reposar a temperatura ambiente durante 8 a 12 horas o toda la noche.

Saque suavemente la masa del tazón y colóquela sobre una superficie de trabajo enharinada. Divida la masa en 12 a 15 trozos iguales. Con las manos, haga una bola y luego gírela hasta formar una cuerda de 6 pulgadas de largo. Junte los extremos de la cuerda de masa para formar un círculo (como una rosquilla) y junte los extremos. Colóquelos sobre la superficie de trabajo o sobre un trozo de papel pergamino. Cubrir con un paño de cocina y dejar

reposar los bagels a temperatura ambiente durante 1 a 2 horas o hasta que estén ligeramente inflados.

Precalienta el horno a 425°.

Ponga a hervir 4 litros de agua y agregue las 2 cucharadas restantes de azúcar. Echa los bagels en el agua hirviendo, teniendo cuidado de no amontonarlos en la olla. Cuando suban a la superficie, retírelas con una espumadera, escúrralas sobre un paño de cocina (o puede usar toallas de papel) y luego colóquelas en una bandeja para hornear forrada con papel pergamino engrasado o una estera para hornear de silicona. .

Baje el horno a 375° y coloque los bagels en el horno para hornear durante 25 a 30 minutos o hasta que estén dorados. Colóquelos sobre una rejilla para que se enfríen.

Rinde de 12 a 15 bagels

39. pan de maíz

1 taza de iniciador (descartar está bien)
1 taza de suero de leche
1 taza de harina de maíz
1 taza de harina para todo uso sin blanquear
2 huevos
½ taza de mantequilla, derretida y enfriada pero aún líquida
¼ de taza) de azúcar
½ cucharadita sal
2 cucharaditas Levadura en polvo
½ cucharadita bicarbonato

En un tazón mediano, mezcle la masa madre, el suero de leche, la harina de maíz y la harina. (Puede cubrir el recipiente con papel film y dejarlo a temperatura ambiente durante una o dos horas para desarrollar aún más el sabor o continuar inmediatamente con los siguientes pasos).

Precalienta el horno a 350°. Engrase o unte generosamente con mantequilla una sartén de hierro fundido de 9 pulgadas, un molde para pastel hondo o una fuente para hornear y reserve mientras termina de mezclar la masa.

A la mezcla de harina, agregue los huevos, la mantequilla, el azúcar y la sal y revuelva para combinar. Agrega el polvo para hornear y el bicarbonato de sodio y revuelve nuevamente.

Coloque la masa en el recipiente para hornear preparado y alise la parte superior de la masa. Hornee durante 35 a 40 minutos o hasta que se dore ligeramente por encima y el centro esté bien cocido. Deje que el pan de maíz se enfríe durante unos 10 minutos antes de cortarlo.

Sirve de 6 a 8 porciones

40. Panecillos

Inicio
60 gramos. harina para todo uso sin blanquear
60 gramos. agua
24 gramos. inicio
12 gramos. azúcar granulada o en polvo
Panecillos
75 gramos. manteca
Entrante hecho la noche anterior
440 gramos. harina para todo uso sin blanquear
180 gramos. agua, temperatura ambiente o ligeramente tibia
115 gramos. leche
23 gramos. azúcar granulada o en polvo
10 gramos. sal
1 huevo batido con 1 cucharada de leche para batir

La noche anterior:
En un frasco para conservas de un cuarto de galón de boca ancha o en un tazón para mezclar de tamaño mediano, mezcle los ingredientes iniciales. Cubrir con film transparente y dejar a temperatura ambiente durante la noche.

A la mañana siguiente:
Corta la mantequilla en trozos de ½ pulgada; Coloque los trozos en un tazón pequeño y déjelos a un lado por ahora; deben estar a temperatura ambiente cuando los use.

En el tazón de una batidora de pie, coloque la masa madre junto con todos los ingredientes del panecillo excepto la mantequilla y el huevo batido. Gire a velocidad baja y mezcle hasta que no queden más trozos secos de harina. Encienda la batidora a velocidad media y continúe mezclando hasta que se forme una masa y comience a despegarse de los lados (de 3 a 5 minutos). Coloque la masa en un tazón grande y cúbralo con film transparente. Reposar la masa durante 30 minutos y luego realizar 3 sesiones de estirar y doblar con 30 minutos de diferencia, cubriendo el bol entre sesiones. Manteniendo el bol tapado, dejamos reposar la masa a temperatura ambiente durante 2½ horas más.

Antes de darle forma, refrigere la masa durante 20 minutos; esto hará que sea más fácil darle forma a los panecillos porque la masa es muy suave y aireada.

Prepare una fuente para hornear de 9 × 9 pulgadas untando generosamente con mantequilla el interior o coloque un trozo de papel pergamino cortado para que quepa dentro de la fuente.

Con cuidado, voltee la masa sobre una superficie de trabajo enharinada. Con una espátula o un cuchillo afilado, divida la masa en 16 porciones iguales. Forme una bola apretada con cada trozo de masa. Coloque las bolas de masa en la fuente para hornear en 4 filas de ancho y 4 filas de abajo.

Cubra la fuente para hornear con film transparente y deje que los panecillos crezcan a temperatura ambiente durante aproximadamente 3 horas. La masa debería haber subido hasta la parte superior de la fuente para hornear y estar muy suave. Si no es así, deja que la masa siga subiendo y vuelve a comprobar cada media hora.

Precalienta el horno a 425°.

Hacer el huevo batido y batir muy bien la mezcla hasta que esté espumosa. Cepille la parte superior de los panecillos con huevo batido y coloque la fuente para hornear en la rejilla del medio del horno. Hornee por 20 minutos y luego baje el horno a 375° y continúe horneando durante 15 a 20 minutos o hasta que la parte superior esté dorada.

Retirar del horno y dejar reposar los panecillos en la fuente para hornear durante 5 minutos antes de retirarlos a una rejilla para que se enfríen más.

Rinde 16 rollos

41. Magdalenas inglesas

½ taza de iniciador descarte
2¾ tazas de harina para todo uso sin blanquear, cantidad dividida
1 taza de leche
1 cucharada de azúcar granulada
1 cucharadita bicarbonato
¾ cucharadita. sal
Harina de maíz para espolvorear

En un tazón grande, mezcle la masa madre y 2 tazas de harina. Cubra con una envoltura de plástico y déjelo a temperatura ambiente durante 8 a 10 horas o toda la noche.

Agregue el resto de la harina, la leche, el azúcar, el bicarbonato de sodio y la sal y combine bien. Coloque la masa sobre una superficie de trabajo enharinada y amásela hasta que quede suave y elástica (de 4 a 5 minutos).

Estire o dé palmaditas a la masa hasta que tenga ½ pulgada de espesor y corte los muffins ingleses con un cortador de galletas o galletas de 3 pulgadas. Antes de volver a enrollar los restos para cortar más muffins, deja reposar la masa durante 10 minutos.

Espolvoree harina de maíz en una bandeja para hornear o un trozo de pergamino y coloque los muffins en la bandeja. Deje reposar los muffins a temperatura ambiente durante al menos 1 hora.

Engrase ligeramente una plancha o sartén (el hierro fundido funciona mejor). Calienta a fuego medio-bajo y luego cocina los muffins ingleses durante unos 6 minutos por lado o hasta que estén bien cocidos y dorados por encima. Tenga cuidado de mantener el fuego lo suficientemente bajo para que los muffins se cocinen bien sin quemarse. Coloque los muffins sobre una rejilla o toallas de papel para que se enfríen por completo. En lugar de cortar los muffins ingleses con un cuchillo, use un tenedor para hacer agujeros alrededor de los bordes y luego sepárelos.

Rinde 12 muffins

42. Todo bagels

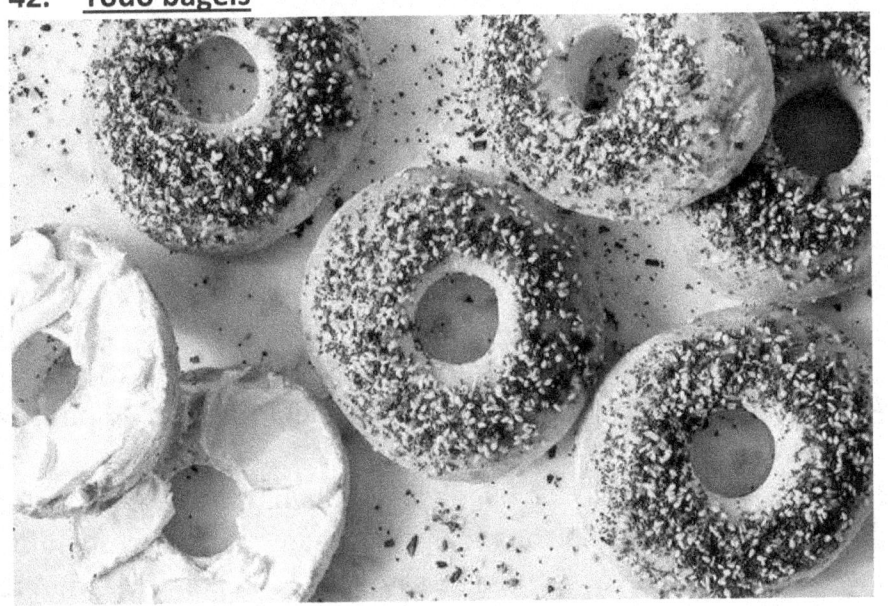

Ingredientes para el condimento Everything Spice:
2 cucharadas de semillas de amapola
1 cucharada más 1 cucharadita. cebolla picada seca
1 cucharada más 1 cucharadita. ajo seco picado
1 cucharada de semillas de sésamo blanco
1 cucharada de semillas de sésamo negro
2 cucharaditas sal gruesa o sal marina gruesa
1 tanda de bagels simples, listos para sancochar y hornear (consulte la receta de Bagels en la página 66)

Para hacer el condimento Everything Spice, mezcle todos los ingredientes excepto los bagels en un recipiente pequeño con tapa hermética.

Tan pronto como saque los bagels del agua hirviendo, colóquelos sobre una estera de silicona para hornear o papel pergamino engrasado y espolvoree generosamente con el condimento Everything Spice. (Las semillas y las especias se adherirán al bagel mientras aún estén húmedas). Hornee según las instrucciones de la receta de Bagels.

Rinde de 12 a 15 bagels

43. Rollitos alemanes de centeno y trigo

iniciador de masa madre
150 gramos. harina de centeno
150 gramos. agua
1 cucharada de iniciador
iniciador de levadura
150 gramos. harina de trigo integral
150 gramos. agua
1,5 gramos. levadura (instantánea o seca activa)
Rollitos alemanes de centeno y trigo
iniciador de masa madre
iniciador de levadura
450 gramos. harina de trigo integral
250 gramos. harina de centeno
18 gramos. sal
3 gramos. levadura (instantánea o seca activa)
1 cucharadita jarabe de malta de cebada (se puede sustituir por la misma cantidad de melaza o miel)
La noche anterior:
En un frasco para conservas de un cuarto de galón de boca ancha o en un tazón pequeño para mezclar, mezcle los ingredientes iniciales de la masa madre, revolviendo hasta que estén bien combinados. Cubra la parte superior con una envoltura de plástico y déjela reposar a temperatura ambiente durante aproximadamente 12 horas o toda la noche.
En un frasco para conservas de boca ancha de un cuarto de galón aparte o en un tazón pequeño para mezclar, mezcle los ingredientes iniciales de la levadura, revolviendo hasta que estén bien combinados. Cubra la parte superior con una envoltura de plástico y déjela reposar a temperatura ambiente durante aproximadamente 12 horas o toda la noche.
A la mañana siguiente:
En un tazón grande, combine todos los ingredientes. Mezcle a mano hasta que no queden trozos de harina seca (o lo más cerca posible). Cubre el bol con film transparente y deja reposar la masa a

temperatura ambiente durante 30 minutos para ayudar a hidratar las harinas.

Estira y dobla la masa a intervalos de 30 minutos, cubriendo la masa entre cada sesión, al menos 6 veces o hasta que la masa esté suave y ligera.

Corta la masa en 18 porciones iguales y dale forma de batardo a los trozos (parecen torpedos). Coloque los panecillos en bandejas para hornear forradas con una estera de silicona para hornear o papel pergamino. Cubre los panecillos con un paño de cocina y déjalos reposar a temperatura ambiente durante 45 a 60 minutos.

Precalienta el horno a 400°. Justo antes de hornear, corte la parte superior de cada rollo a lo largo por la mitad. Hornee de 15 a 20 minutos o hasta que esté ligeramente dorado. Retirar del horno y colocar los panecillos sobre una rejilla para que se enfríen. Rinde 18 rollos

44. Panes de hamburguesa

430 gramos. harina para todo uso sin blanquear, cantidad dividida
240 gramos. leche, ligeramente tibia
60 gramos. arrancador activo
2 huevos, divididos
2 cucharadas de azúcar granulada
1 cucharadita Levadura activa seca
1 cucharadita sal
3 cucharadas de mantequilla, ablandada a temperatura ambiente
2 cucharaditas semillas de sésamo (opcional)

En una batidora de pie con gancho para amasar, combine 300 gramos de harina con la leche, la masa madre, 1 de los huevos y el azúcar, la levadura y la sal. Batir a velocidad baja a media hasta que se forme una masa peluda. Cubre la mezcla con un paño húmedo o film transparente y deja reposar la masa durante 30 minutos.

Aún usando el gancho amasador, amase la masa durante 7 a 8 minutos, agregando gradualmente el resto de la harina intercalando con trozos de mantequilla. La masa debe quedar suave y pegajosa pero poder despegarse de los lados del tazón.

Con una espátula o un raspador de masa, coloque la masa en un tazón grande engrasado. Cubra el recipiente con film transparente y déjelo reposar a temperatura ambiente durante 2 a 3 horas o hasta que la masa haya aproximadamente duplicado su volumen.

Coloca la masa sobre una superficie de trabajo enharinada y divídela en 8 porciones iguales. Forme bolas apretadas con la masa como si fuera una hogaza redonda. Coloque los bollos con forma a una pulgada o más de distancia sobre una bandeja para hornear que haya sido forrada con una estera de silicona para hornear o papel pergamino. Cubra los panecillos con un paño de cocina húmedo y déjelos reposar a temperatura ambiente durante 1½ a 2 horas o hasta que hayan duplicado su volumen y los lados se toquen. Precalienta el horno a 375°.

Batir el segundo huevo junto con 2 cucharadas de agua y untar la parte superior de los bollos con el huevo batido. Espolvorea los bollos con las semillas de sésamo, si las usas. Hornea los panecillos durante 20 a 22 minutos o hasta que estén dorados. Retire los panecillos del horno y colóquelos sobre una rejilla para que se enfríen durante unos 20 minutos antes de cortarlos. Rinde 8 bollos

45. Pan de hot-dog

1 taza de leche, calentada a 100°
3 cucharadas de azúcar granulada
½ taza de iniciador activo o ½ taza de descarte más 1 cucharadita. levadura instantanea
400 gramos. harina para pan o harina para todo uso sin blanquear
2 cucharadas de mantequilla, temperatura ambiente, más 2 cucharadas de mantequilla derretida para cepillar la parte superior de los panecillos
1 cucharadita sal En el tazón de una batidora equipada con un gancho para masa, mezcle la leche y el azúcar hasta que el azúcar se disuelva. Agregue el iniciador (y la levadura, si la usa) y revuelva para mezclar. Agrega la harina y mezcla a velocidad baja hasta que se forme una masa. Agrega la mantequilla a temperatura ambiente en trozos pequeños y luego la sal; Amasar la masa a velocidad media durante unos 5 minutos o hasta que la masa esté suave.

Transfiera la masa a un tazón grande engrasado y cubra el tazón con papel film. Deje que la masa suba hasta que duplique su volumen a temperatura ambiente, aproximadamente 3 horas si usó levadura o de 8 a 10 horas si solo usó masa madre.

Coloca la masa sobre una superficie de trabajo enharinada y divídela en 8 porciones iguales. Cubrir con film transparente y dejar reposar de 20 a 30 minutos.

Forme con cada pieza un tronco liso de aproximadamente 6 pulgadas de largo. Coloque los bollos en una bandeja para hornear que haya sido forrada con una estera para hornear de silicona o papel pergamino al menos a una pulgada de distancia. Cubra los bollos con una envoltura de plástico engrasada o un paño de cocina húmedo y déjelos reposar durante 1 a 2 horas o hasta que aproximadamente dupliquen su volumen.

Precalienta el horno a 350°. Hornee los panecillos para hot dog durante 28 a 30 minutos o hasta que estén dorados. Retirar del horno e inmediatamente untar los bollos con la mantequilla derretida. Deje que los panecillos se enfríen por completo antes de cortarlos.

Rinde 8 bollos

46. Galletas de la noche a la mañana

Inicio
240 gramos. agua
240 gramos. harina
1 a 2 cucharadas de iniciador
Galletas
140 gramos. (1 taza) de harina para todo uso sin blanquear
1 cucharada de azúcar granulada
1 cucharadita bicarbonato
½ cucharadita sal
120 gramos. (½ taza) de mantequilla fría, cortada en cubos pequeños
entrante que hiciste antes

La noche anterior:
En un tazón mediano, mezcle todos los ingredientes iniciales. Cubra y deje reposar la mezcla en la encimera durante la noche para las galletas de la mañana o hasta que se duplique y burbujee si se hornea el mismo día (de 4 a 6 horas).
A la mañana siguiente:
En un tazón grande, mezcle la harina, el azúcar, el bicarbonato de sodio y la sal. Con un tenedor o una batidora de repostería, corte la mantequilla hasta que la mezcla parezca migajas gruesas. Agrega el iniciador y revuelve con un tenedor. Agregue un poco de harina o leche si es necesario para que la masa quede suave y húmeda y apenas se despegue de los lados del tazón. Coloque la masa sobre una superficie de trabajo enharinada y amase durante varios minutos, agregando harina según sea necesario para mantener la pegajosidad al mínimo.
Con un rodillo enharinado, extienda la masa hasta que tenga aproximadamente ½ pulgada de espesor. Córtelo en galletas de 2 pulgadas con un cortador de galletas enharinado o un cuchillo afilado. Coloque las galletas en una bandeja para hornear, ya sea extendidas para que queden más crujientes o con los lados tocándose para obtener galletas más suaves. Tapar las galletas y dejar reposar durante unas 2 horas.
Precalienta tu horno a 375°. Hornea las galletas durante 20 a 25 minutos o hasta que adquieran un color dorado claro.
Rinde unas 8 galletas

47. corteza de pizza

240 gramos. inicio
240 gramos. agua
3 cucharadas de aceite de oliva
360 gramos. Harina (para todo uso está bien, pero la harina para pan forma una corteza más masticable)
2 cucharaditas sal
Comience 1 o 2 días antes de lo que planea comer pizza.
En un tazón mediano, mezcle la masa madre, el agua y el aceite de oliva. Agrega la harina y la sal y revuelve bien; la masa quedará suave y pegajosa. Cubre el bol con film transparente y deja reposar la masa durante 30 minutos.
Estirar y doblar la masa a intervalos de media hora un total de 4 veces, tapando el bol después de cada vez. Tapar la masa y dejar reposar a temperatura ambiente durante 4 horas.
Coloca la masa sobre una superficie de trabajo enharinada y divídela en 3 cantidades iguales. Forme bolas con la masa y luego colóquelas dentro de 3 recipientes de almacenamiento bien engrasados de aproximadamente un litro de tamaño. Cubra los recipientes (las tapas están bien en este caso, o use una envoltura de plástico sujeta con bandas elásticas) y refrigere la masa durante la noche. Puede refrigerar la masa durante unos 5 días antes de usarla, o congelarla, envuelta herméticamente en varias capas de plástico, hasta por un mes.
Cuando esté lista para hornear, saca la masa del refrigerador y colócala sobre una superficie de trabajo enharinada. Cubre la masa con una toalla y déjala reposar durante 30 minutos. Con las manos, aplane y estire suavemente la masa hasta formar un círculo delgado de aproximadamente 10 pulgadas de diámetro. Si la masa salta demasiado, tápala y déjala reposar otros 15 minutos y vuelve a intentarlo. Agregue los ingredientes que desee a la base.
Precalienta el horno a 450 a 500°. Hornea la pizza de 8 a 10 minutos o hasta que esté cocida.
Rinde 3 masas de pizza

48. **Pretzels**

1½ tazas de iniciador (desecharlo está bien para usarlo)
1 taza de leche, ligeramente tibia
2 cucharadas de mantequilla, blanda
1 cucharada de azúcar granulada
4 tazas de harina para todo uso sin blanquear
1 cucharada de bicarbonato de sodio
1 huevo batido con 1 cucharada de agua para pintar la superficie
2 cucharaditas sal gruesa para espolvorear

En el tazón de una batidora de pie que tiene un accesorio para masa, combine la masa madre, la leche, la mantequilla y el azúcar a la velocidad más baja. Agrega la harina y mezcla a velocidad baja durante 5 minutos.

Engrase un tazón grande y raspe la masa de la batidora y viértala en el tazón. Cubrir con film transparente y dejar reposar a temperatura ambiente durante 2 horas.

Coloque la masa sobre una superficie de trabajo enharinada y amase suavemente durante unos 3 minutos. Corta o rompe la masa en 12 trozos iguales. Enrolle cada trozo de masa formando una cuerda larga de aproximadamente 1 pulgada de grosor. Forme cada pieza en forma de pretzel y luego colóquelos en bandejas para hornear que hayan sido forradas con una estera de silicona para hornear o papel pergamino; congelar durante 25 minutos.

Precalienta el horno a 450°.

Mientras los pretzels están en el congelador, llena una olla grande con agua y agrega el bicarbonato de sodio para disolverlo. Calienta el agua hasta que hierva fuerte. Saca los pretzels del congelador y colócalos en el agua hirviendo, con cuidado de no amontonarlos, y deja hervir durante 30 segundos. Retire los pretzels con una espumadera y colóquelos nuevamente en las bandejas para hornear preparadas. Cepille los pretzels con huevo batido y espolvoréelos con sal gruesa.

Hornee de 15 a 18 minutos o hasta que esté ligeramente dorado. Coloque los pretzels sobre una rejilla para que se enfríen.

Rinde 12 pretzels

49. Galletas Rápidas

1 taza de harina para todo uso o harina para pan sin blanquear
2 cucharaditas Levadura en polvo
½ cucharadita sal
½ cucharadita bicarbonato
6 cucharadas de mantequilla muy fría, cortada en cubos pequeños
1 taza de iniciador (descartar está bien)
Precalienta el horno a 425°.
En un tazón mediano, mezcle la harina, el polvo para hornear, la sal y el bicarbonato de sodio. Corta la mantequilla en la mezcla de harina con un tenedor o un cortador de masa hasta que la mezcla parezca migajas gruesas. Agregue la masa madre y mezcle con una cuchara hasta que la harina esté casi combinada. Amasar la masa en el bol con las manos durante aproximadamente un minuto hasta que la masa se una.
Coloque la masa sobre una superficie de trabajo enharinada y luego enróllela o déle palmaditas hasta que tenga un grosor de ¾ de pulgada. Cortar las galletas con un cortapastas enharinado o con un cuchillo afilado. Reúna los restos, extiéndalos nuevamente y corte más galletas para obtener la mayor cantidad posible. (Por lo general, termino con una galleta más pequeña y deforme al final, ¡pero sabe tan bien como las bonitas!)
Coloque las galletas en una bandeja para hornear sin engrasar, ya sea extendidas para que los lados queden más crujientes o con los lados tocándose para obtener galletas más suaves.
Hornee de 12 a 15 minutos o hasta que esté cocido. (Si las galletas se tocan, es posible que tarden unos minutos más en hornearse por completo).
Rinde unas 8 galletas

50. Galletas rápidas de suero de leche

2 tazas de harina para todo uso sin blanquear
2 cucharaditas azúcar granulada
2 cucharaditas Levadura en polvo
1 cucharadita sal
¾ cucharadita. bicarbonato
½ taza (1 barra) de mantequilla muy fría
1 taza de iniciador activo
½ taza de suero de leche

Precalienta el horno a 425°. Forre una bandeja para hornear con una estera de silicona para hornear o papel pergamino y déjela a un lado por ahora.

En un tazón grande, mezcle la harina, el azúcar, el polvo para hornear, la sal y el bicarbonato de sodio. Corta la mantequilla en trozos muy pequeños o tritúrala usando los agujeros grandes de un rallador de caja. Agregue a la mezcla de harina y revuelva para mezclar los trozos de mantequilla.

En un tazón mediano, mezcle la masa madre y el suero de leche. Agrega la mezcla inicial a la mezcla de harina y revuelve (una espátula de goma funciona bien porque puedes limpiar los lados del tazón mientras trabajas) hasta que comience a formarse una masa suave. Coloca la masa sobre una superficie de trabajo ligeramente enharinada y amasa varias veces hasta que se una.

Estire o dé palmaditas a la masa hasta que tenga aproximadamente 1½ pulgadas de espesor. Córtelo en 8 a 10 galletas, usando un cortador de galletas de 2 pulgadas o un cuchillo afilado. Coloque las galletas en una bandeja para hornear sin engrasar, ya sea extendidas para que los lados queden más crujientes o con los lados tocándose para obtener galletas más suaves.

Hornee de 12 a 15 minutos o hasta que esté cocido. (Si las galletas se tocan, es posible que tarden unos minutos más en hornearse por completo).

Rinde de 8 a 10 galletas

51. Pan Rústico

2 tazas de harina para todo uso sin blanquear
1 cucharadita sal
1 cucharadita Levadura en polvo
1 taza de iniciador descarte
½ taza de leche
1 cucharada de aceite de oliva, y más para cocinar y para untar el pan plano
Ingredientes de tu elección (opcional)

En un tazón grande, mezcle la harina, la sal y el polvo para hornear. Agrega la masa madre, la leche y 1 cucharada de aceite de oliva y revuelve con una cuchara grande hasta que comience a formarse una masa. (Yo uso mis manos después de revolver un poco con la cuchara).

Coloque la masa sobre una superficie de trabajo enharinada y amase o estire y doble suavemente durante varios minutos, agregando harina según sea necesario, hasta que la masa esté suave y ya no pegajosa. Envuelve la bola de masa con film transparente y déjala reposar a temperatura ambiente durante 30 minutos.

Precalienta una sartén de hierro fundido a fuego medio-alto.

Corte la masa en 6 porciones iguales y extienda cada pieza hasta que tenga aproximadamente ¼ de pulgada de grosor. Unte ligeramente un lado del pan plano con aceite de oliva y colóquelo en la sartén caliente, con el lado engrasado hacia abajo. Freír el pan plano durante aproximadamente 1½ minutos; Unte la parte superior del pan plano con aceite y luego déle la vuelta para freír el segundo lado durante aproximadamente 1 minuto. Freír todas las piezas de la misma forma, apilando los panes planos en un plato cubierto con un paño de cocina doblado para mantenerlos calientes.

Estos panes planos saben muy bien solos, pero cuando los volteas para cocinar el segundo lado, puedes espolvorearlos con los ingredientes que desees. Algunas buenas opciones incluyen sal gruesa, ajo y/o cebolla picados, queso duro finamente rallado y hierbas frescas cortadas o secas.

Hace 6

52. Crutones De Salvia

6 rebanadas de pan de masa madre, en cubitos
4 cucharadas de aceite de oliva
4 cucharadas de mantequilla, derretida
4 cucharadas de salvia fresca picada

Coloca los cubos de pan en un tazón pequeño; rocíe con aceite, mantequilla derretida y salvia. Mézclalos para cubrirlos.

Cocine los cubos de pan en la estufa a fuego medio hasta que estén dorados, revolviendo para cocinar por todos lados (de 6 a 8 minutos).

Las cantidades varían según el tamaño de las rebanadas, pero normalmente obtengo unas 6 tazas.

53. Bagels de centeno de crecimiento lento

Inicio
1 taza de harina para todo uso o para pan sin blanquear
1 taza de agua
½ taza de iniciador activo
½ taza de harina de centeno
Bagels
2 tazas de harina de centeno
1 cucharada de jarabe de malta de cebada, o puedes sustituirlo por una cantidad igual de miel, melaza o azúcar moreno
2 cucharaditas semillas de alcaravea
1 cucharadita sal
1 cucharada de bicarbonato de sodio (para sancochar el segundo día)
1 cucharada de azúcar moreno (para sancochar el segundo día)
La noche anterior:
Por la noche, combine todos los ingredientes iniciales en un tazón grande, cubra el tazón con papel film y déjelo en la encimera durante la noche.
A la mañana siguiente:
En el bol que contiene el iniciador activo, añade todos los ingredientes del bagel y mezcla lo mejor que puedas. Tapar el bol y dejar reposar la masa durante 30 minutos (quedará peluda y poco cohesiva). Después del período de reposo, volca la masa sobre una superficie de trabajo enharinada y amásala durante 10 minutos; puedes amasar de la manera tradicional o hacer estiramientos y dobleces continuos durante el tiempo asignado. Agregue más harina de centeno si es necesario mientras amasa. (¡Esto será un trabajo duro!)
Cubra la masa sin apretar con una envoltura de plástico, dejando suficiente espacio para que se expanda y déjela reposar a temperatura ambiente durante 8 a 12 horas o hasta que aproximadamente doble.
Coloca la masa sobre una superficie de trabajo ligeramente enharinada y córtala en 16 porciones iguales. Tapa las porciones y déjalas reposar a temperatura ambiente durante 30 minutos para

que la masa se relaje un poco. Con las manos, enrolle cada trozo de masa hasta formar una cuerda de 6 pulgadas de largo y luego forme un círculo con la masa, juntando los extremos para formar una rosquilla. Coloque los bagels al menos a una pulgada de distancia en una bandeja para hornear grande forrada con una bandeja para hornear de silicona o un trozo de papel pergamino engrasado. Cúbrelas con film transparente y déjalas reposar a temperatura ambiente durante 1 hora. Refrigere los bagels, aún cubiertos, durante la noche.

Por la mañana, saca los bagels del frigorífico y déjalos reposar a temperatura ambiente durante al menos una hora o hasta que estén a temperatura ambiente.

Precalienta el horno a 425°. Prepare una bandeja para hornear grande (es posible que tenga que usar 2 bandejas para hornear) forrándola con una estera de silicona para hornear o papel pergamino.

Llene una olla grande con agua y agregue 1 cucharada de bicarbonato de sodio y azúcar morena; mezclar hasta que se disuelva. Lleva el agua a ebullición fuerte.

Agrega los bagels al agua hirviendo, teniendo cuidado de no amontonarlos. Hervir durante 20 segundos, darles la vuelta y hervir el segundo lado durante unos 15 segundos. Retíralos con una espumadera y colócalos sobre un paño de cocina limpio. Cuando todos los bagels hayan sido sancochados, colócalos nuevamente en la bandeja para hornear y hornéalos durante 20 a 30 minutos o hasta que estén dorados por encima y listos. Colóquelos sobre una rejilla para que se enfríen.

Rinde 12 panecillos

54. Bagels de trigo

2½ a 3 tazas de harina para todo uso sin blanquear
1 taza de iniciador activo
1 taza de harina integral
1 taza de agua
3 cucharadas de azúcar morena, cantidad dividida
2 cucharaditas sal
1½ cucharadita. levadura instantanea
1 huevo batido junto con 2 cucharadas de agua para untar los bagels

En un tazón grande, mezcle 2½ tazas de harina para todo uso con la masa madre, la harina integral, el agua, 2 cucharadas de azúcar morena, la sal y la levadura. Coloque la masa sobre una superficie de trabajo enharinada y amase durante unos 5 minutos, agregando la harina restante según sea necesario pero usando la menor cantidad posible.

Coloque la masa en un recipiente grande engrasado y cúbralo con film transparente. Deja que la masa suba a temperatura ambiente durante 30 minutos.

Coloca la masa sobre una superficie de trabajo ligeramente enharinada y córtala en 12 porciones iguales. Con las manos, enrolle cada trozo de masa hasta formar una cuerda de 6 pulgadas de largo y luego forme un círculo con la masa, juntando los extremos para formar una rosquilla. Coloque los bagels en una bandeja para hornear de silicona o en un trozo de papel pergamino engrasado. Cubre los bagels con film transparente y déjalos reposar a temperatura ambiente durante 1 hora.

Precalienta el horno a 425°. Forre una bandeja para hornear grande con una estera de silicona para hornear o papel pergamino. Reserva por ahora.

Llene una olla grande con agua y agregue la cucharada restante de azúcar morena; llevar el agua a ebullición fuerte.

Echa los bagels, unos pocos a la vez, en el agua hirviendo, teniendo cuidado de no amontonarlos. Hiérvelos durante unos 20 segundos y luego dales la vuelta (usa una espumadera) para hervir el segundo lado durante otros 15 a 20 segundos. Retire los bagels y colóquelos en la bandeja para hornear preparada. Cepille la parte superior de los bagels con huevo batido y hornéelos durante 25 minutos o hasta que se doren por encima. Colocar sobre una rejilla para enfriar.

Rinde 12 panecillos

55. Masa de pizza de trigo

1½ tazas de iniciador activo
¾ taza de harina integral
¾ taza de harina para todo uso o para pan sin blanquear
2 cucharadas de aceite vegetal
1 cucharada de miel
1 cucharadita sal
1 cucharadita colmada. hojas secas de orégano
1 cucharadita colmada. hojas secas de albahaca
¼ cucharadita polvo de ajo
¼ cucharadita cebolla en polvo
¼ de taza de agua, más o menos

En un tazón grande, mezcle la masa madre, las harinas, el aceite, la miel, la sal, las hierbas y las especias. Agregue el agua, una pequeña cantidad a la vez y mezcle a medida que avanza, agregando solo la cantidad suficiente para que no queden restos secos de harina. Amasar la bola de masa durante uno o dos minutos, cubrir el recipiente con film transparente o un paño de cocina húmedo y dejar reposar a temperatura ambiente durante 2 a 3 horas.

Precalienta el horno a 450°. Corte un trozo de papel pergamino que sea un poco más grande que la pizza, la piedra para hornear o la sartén de hierro fundido que planea usar para hornear la base y déjelo a un lado por ahora. Coloque una bandeja para hornear en la rejilla inferior del horno y luego coloque una piedra para pizza o una sartén de hierro fundido en la rejilla central del horno para precalentar.

Enharina ligeramente el papel pergamino. Enharine ligeramente la masa y luego extiéndala o déle palmaditas para que se ajuste al papel pergamino. Haz algunos agujeros en la masa con un tenedor y luego deja reposar la masa a temperatura ambiente durante 15 minutos. Transfiera la corteza (aún sobre el papel pergamino) a la piedra para pizza o sartén precalentada y hornee durante 8 minutos. Retirar del horno y agregar los toppings de su elección. Vuelva a colocar la pizza en el horno y hornee por otros 12 a 15 minutos o hasta que esté cocida.

Rinde 1 masa de pizza grande

COSAS PARA EL DESAYUNO

56. buñuelos de manzana

3 tazas de manzanas cortadas en cubitos, peladas o con piel
1 taza de iniciador (descartar está bien)
½ cucharadita canela molida
¼ cucharadita sal
¼ cucharadita bicarbonato
Aceite para freír
Azúcar de canela para espolvorear (opcional)

Coloque las manzanas cortadas en cubitos en un tazón grande para mezclar. Agregue lentamente el iniciador, mezclando suavemente a medida que avanza, hasta que se combinen. (Desea que los trozos de manzana estén bien cubiertos con masa madre, por lo que es posible que deba agregar un poco más de masa madre para lograrlo; ayuda a mantener los buñuelos juntos cuando los fríe).

Batir la canela, la sal y el bicarbonato de sodio y agregar suavemente la mezcla a las manzanas. Deja reposar la mezcla mientras calientas el aceite para freír.

Coloque aproximadamente 2 pulgadas de aceite en una sartén profunda de hierro fundido y caliente de 360 a 370°. Echa la masa de los buñuelos en el aceite caliente, teniendo cuidado de no amontonarlos. Freír de 2 a 3 minutos por cada lado o hasta que estén dorados. Use una espumadera para colocar los buñuelos sobre toallas de papel para que escurran. Espolvoree con azúcar y canela si lo usa y sirva.

Rinde unos 20 buñuelos pequeños o 12 buñuelos grandes

57. Buñuelos de manzana sobre la marcha

Entrante sobrante (¼ de taza para tandas pequeñas hasta 1 taza o más para una familia)
2 a 4 manzanas, sin semillas, peladas y cortadas en cubitos
¼ a ½ cucharadita. canela
⅛ a ¼ de cucharadita. bicarbonato
⅛ cucharadita sal
2 a 4 cucharadas de azúcar granulada (opcional)
Nota: No es necesario desechar el iniciador sobrante después de haber actualizado un nuevo lote. En su lugar, prueba esta receta. Puedes "mirar" las cantidades porque nada puede salir mal con esta receta fácil.
Mezcla todos los ingredientes hasta que estén bien mezclados, añadiendo el azúcar al gusto si prefieres unos buñuelos más dulces. Calienta aproximadamente ½ pulgada de aceite en una sartén de hierro fundido (si tienes una) u otra sartén adecuada. Use aceite que tenga un punto de humo alto, como aceite de aguacate o ghee (aunque yo suelo usar manteca de cerdo o aceite vegetal y no tengo problemas si cuido cuidadosamente mi sartén). Eche una o dos cucharadas de masa por buñuelo en el aceite caliente y cocine por un lado durante unos 3 minutos; voltee y cocine por el otro lado durante 2 a 3 minutos o hasta que esté cocido. Seca los buñuelos sobre toallas de papel y cómelos solos o con jarabe de arce, azúcar con canela o azúcar en polvo encima. O haga un glaseado con azúcar en polvo y leche, agregando la leche en pequeñas cantidades y luego revolviendo hasta obtener una consistencia que le guste.
Las cantidades varían dependiendo de la cantidad de iniciador que te quede.

58. Panqueques de manzana

180 gramos. leche
120 gramos. harina para todo uso sin blanquear
225 gramos. inicio
14 gramos. mantequilla, derretida y ligeramente enfriada
14 gramos. Levadura en polvo
13 gramos. azúcar granulada (use un poco más si su manzana está ácida)
6 gramos. sal
5 gramos. canela molida
1 manzana, pelada, sin corazón, cortada en octavos y cortada en rodajas finas transversalmente

En un tazón mediano, combine la leche y la harina; déjelo reposar a temperatura ambiente durante 20 minutos.

Agrega los ingredientes restantes y revuelve bien. Incorpora las rodajas de manzana.

Vierta ¼ de taza de masa por panqueque en una sartén o sartén caliente y engrasada y cocine durante unos 3 minutos; voltea los panqueques y cocina el segundo lado hasta que estén cocidos (aproximadamente 2 minutos).

La cantidad de panqueques varía según el tamaño de los panqueques individuales

59. Cazuela De Desayuno Con Tocino

4 a 5 tazas de pan de masa madre, cortado en cubos de 1 pulgada
8 huevos
1¼ tazas de leche
1 taza de queso cheddar rallado
½ cucharadita sal
½ cucharadita pimienta
2 cucharadas de cebollas verdes picadas (opcional)
12 rebanadas de tocino, cocido y desmenuzado

La noche anterior:
Unte con mantequilla o engrase una fuente para hornear de 9 × 13 pulgadas. Coloque uniformemente los cubos de pan en capas en el fondo.

En un tazón grande, bata los huevos; agregue la leche, el queso, la sal, la pimienta y las cebolletas (si las usa) y mezcle. Agrega el tocino y mezcla nuevamente hasta que esté bien combinado. Vierta la mezcla de huevo sobre los cubos de pan en la fuente para hornear y revuelva y presione suavemente la mezcla para que los huevos penetren hasta el fondo de la fuente para hornear y todos los ingredientes queden completamente incorporados. Cubre la cazuela con papel de aluminio y refrigérala durante la noche. (Si lo prepara la misma mañana en que planea comerlo, deje reposar la cazuela a temperatura ambiente durante unos 45 minutos antes de hornearla).

A la mañana siguiente:
Precalienta el horno a 350°. Hornea la cazuela por 30 minutos y luego retira el papel de aluminio y continúa horneando por 25 a 35 minutos más o hasta que al insertar un cuchillo en el medio éste salga limpio. Deje enfriar durante 5 minutos antes de servir.

Sirve 8

60. panqueques de arándano

1½ tazas de iniciador (descartar está bien)
1 taza de leche (temperatura ambiente si tienes tiempo)
2 huevos (a temperatura ambiente si tienes tiempo)
¼ de taza de mantequilla, derretida y ligeramente enfriada
1 cucharadita extracto de vainilla
1½ tazas de harina para todo uso sin blanquear
1 cucharadita bicarbonato
1 cucharadita Levadura en polvo
½ cucharadita sal
1 punto arándanos (puede usar bayas frescas, enlatadas y escurridas, o congeladas que hayan sido descongeladas y escurridas)
En un tazón grande, mezcle la masa madre, la leche, los huevos, la mantequilla y el extracto de vainilla. Incorpora los ingredientes secos uno a la vez hasta que estén bien mezclados. Incorpora suavemente los arándanos.
Vierta ¼ de taza de masa por panqueque en una sartén o sartén caliente y engrasada y cocine durante unos 3 minutos; voltea los panqueques y cocina el segundo lado hasta que estén cocidos (aproximadamente 2 minutos).
La cantidad de panqueques varía según el tamaño de cada uno, pero esta receta es suficiente para una familia.

61. waffles de Mora azul

2 tazas de iniciador activo
1 taza de arándanos frescos
2 huevos, yemas separadas
2 cucharadas de mantequilla, derretida y ligeramente enfriada
2 cucharaditas azúcar granulada
1 cucharadita sal
½ a 1 taza de harina para todo uso sin blanquear
½ cucharadita bicarbonato de sodio disuelto en 1 T. de agua

En un tazón mediano, mezcle la masa madre, los arándanos, las yemas de huevo, la mantequilla, el azúcar y la sal hasta que estén bien combinados. Agregue la harina poco a poco hasta obtener una consistencia espesa pero que se pueda verter y la masa no tenga grumos.

Batir las claras hasta que se formen picos suaves y luego incorporar suavemente a la masa.

Justo antes de cocinar, agregue suavemente el bicarbonato de sodio disuelto.

Cocine los gofres según las instrucciones de su plancha para gofres.

Cubra los gofres con mantequilla y almíbar o azúcar en polvo.

Rinde de 4 a 6 gofres

62. Cazuela De Brunch

Mantequilla para untar
6 rebanadas de pan de masa madre, más o menos (necesitarás de 4 a 5 tazas)
1 libra de salchicha de cerdo a granel, cocida lo suficiente para quitarle el color rosado y luego escurrida
2 tazas de queso cheddar, rallado
½ pimiento rojo, cortado en trozos pequeños
¼ de taza de cebollas verdes picadas
3 huevos batidos
1 lata de crema condensada de espárragos
2 tazas de leche
¼ taza de caldo de pollo o vino blanco
½ cucharadita mostaza de Dijon
¼ cucharadita pimienta negro

La noche anterior:
Unte con mantequilla el pan y córtelo en cubos; colóquelo en una fuente para hornear engrasada o untada con mantequilla de 9 × 13 pulgadas. Espolvorea el pan con la salchicha, el queso, los pimientos morrones y las cebolletas.
En un tazón mediano, mezcle los huevos, la sopa, la leche, el caldo o vino, la mostaza y la pimienta. Vierta sobre la mezcla de pan. Cubra la fuente para hornear con papel film y refrigere durante la noche.

El día siguiente:
Saca la cazuela del frigorífico 30 minutos antes de hornear. Precalienta el horno a 350°. Destapa y hornea la cazuela durante 45 a 55 minutos o hasta que al insertar un cuchillo en el medio éste salga limpio.
Dejar reposar 5 minutos antes de cortar.
Sirve 8

63. Panqueques de trigo sarraceno

1 taza de harina para todo uso sin blanquear
1 taza de harina de trigo sarraceno
2 cucharadas de azúcar granulada
2 cucharaditas Levadura en polvo
1 cucharadita bicarbonato
½ cucharadita sal
1½ tazas de leche
1 taza de iniciador recién tomado
1 huevo batido
2 cucharadas de aceite

En un tazón grande, mezcle las harinas, el azúcar, el polvo para hornear, el bicarbonato de sodio y la sal. Agregue la leche, la masa madre, el huevo y el aceite y mezcle suavemente para combinar. Si la masa parece demasiado espesa, puedes agregar una pequeña cantidad de leche o agua para diluirla.

No vierta más de ¼ de taza de masa por panqueque en una sartén o sartén caliente y engrasada y cocine durante aproximadamente 3 minutos; voltea los panqueques y cocina el segundo lado hasta que estén cocidos (aproximadamente 2 minutos).

Sirva con mantequilla, almíbar o mermelada.

La cantidad de panqueques varía según el tamaño de cada uno, pero esta receta es suficiente para una familia.

64. Panqueques de suero de leche

2 tazas de harina para todo uso
2 cucharadas de azúcar granulada
1½ cucharadita. Levadura en polvo
½ cucharadita bicarbonato
½ cucharadita sal
1⅓ tazas de suero de leche
1 taza de iniciador recién tomado
1 huevo batido
2 cucharadas de aceite vegetal

En un tazón, mezcle la harina, el azúcar, el polvo para hornear, el bicarbonato de sodio y la sal. Agregue los ingredientes restantes y mezcle suavemente.

Vierta ¼ de taza de masa por panqueque en una sartén o sartén caliente y engrasada y cocine durante unos 3 minutos; voltea los panqueques y cocina el segundo lado hasta que estén cocidos (aproximadamente 2 minutos).

La cantidad de panqueques varía según el tamaño de cada uno, pero esta receta es suficiente para una familia.

65. Rollos de canela

Masa
160 gramos. leche
115 gramos. mantequilla derretida
1 huevo
100 gramos. arrancador activo
24 gramos. azúcar granulada
360 gramos. harina para todo uso sin blanquear
5 gramos. sal
relleno de canela
2 cucharadas de mantequilla
½ taza de azúcar granulada
1 cucharada de harina
3 cucharaditas canela molida
Vidriar
2 cucharadas de mantequilla, ablandada a temperatura ambiente
½ taza de queso crema batido, temperatura ambiente
½ taza de azúcar en polvo
1 a 2 cucharadas de leche según sea necesario
La noche anterior:
En un tazón pequeño, mezcle la leche y la mantequilla; Deje que la mezcla se enfríe hasta que esté ligeramente tibia. Con una batidora de pie y batidores normales, combine el huevo, la masa madre y el azúcar granulada; mezcle para mezclar bien. Con la batidora en marcha, agrega lentamente la mezcla de leche, mezclando todo el tiempo. Agregue la harina y la sal poco a poco y continúe mezclando durante aproximadamente 2 minutos, raspando los lados mientras mezcla. Cubre el bol con un paño de cocina húmedo y deja reposar la masa durante 30 minutos.

Conecte el gancho para masa a la batidora y amase la masa a velocidad media-baja durante 6 a 8 minutos. Si la masa está muy pegajosa y no se despega de los lados, añade un poco más de harina. Unte con mantequilla o engrase un tazón mediano y transfiera la masa al tazón. Cubre el bol con film transparente y deja reposar la masa a temperatura ambiente durante 30 minutos. Realice 2 sesiones de estiramiento y pliegue con 30 minutos de diferencia, cubriendo el recipiente entre cada sesión. Cubre el bol con film transparente y deja reposar la masa durante la noche a temperatura ambiente.

A la mañana siguiente:

Forre un molde para pasteles de 9 pulgadas con papel pergamino y rocíe ligeramente el papel. Reserva por ahora.

Engrase y luego enharine su superficie de trabajo; Haga que el área preparada sea lo suficientemente grande como para extender la masa hasta formar un rectángulo de 12 × 16 pulgadas. Con cuidado, coloca la masa en el centro de la superficie de trabajo preparada. Deja reposar la masa durante unos 15 minutos para relajar la masa. Este período de reposo permitirá extender la masa. Para formar un rectángulo de 12 × 16 pulgadas con la masa, primero enharine la superficie de la masa y el rodillo. Si la masa se resiste a extenderse y rebota, déjala reposar unos 5 minutos más y luego vuelve a extenderla.

Una vez extendida la masa, haz el relleno de canela derritiendo la mantequilla y dejándola enfriar un poco. Mientras la mantequilla derretida se enfría, en otro tazón pequeño mezcle los ingredientes restantes del relleno de canela.

Unte la mantequilla derretida sobre la superficie de la masa; espolvorea la superficie de la masa con la mezcla de azúcar y canela, dejando ½ pulgada alrededor de los bordes libre de azúcar y canela. Enrolle la masa hasta formar un tronco apretado (es posible que necesite enharinar o engrasarse las manos si la masa está muy pegajosa) desde un lado de 16 pulgadas al otro lado de 16 pulgadas. Cuando termine de enrollar el tronco, asegúrese de que el lado de la costura esté hacia abajo (sobre la superficie de trabajo). Corte el tronco en 8 trozos, de aproximadamente 2 pulgadas de grosor, y transfiéralos al molde para pasteles preparado. Cubrir con un paño de cocina y dejar reposar hasta que estén ligeramente hinchados, aproximadamente 2 horas.

Precalienta el horno a 350°.

Hornee los rollos de canela durante 30 a 40 minutos o hasta que la parte superior esté ligeramente dorada. Deje reposar los rollos de canela en la sartén durante 15 minutos antes de retirarlos, todavía sobre el papel pergamino, a una rejilla para que sigan enfriándose. Mientras los rollos de canela se enfrían, mezcle los ingredientes del glaseado; use una batidora eléctrica para obtener un glaseado más suave y agregue la leche poco a poco hasta obtener la consistencia deseada para untar. Cuando los rollos de canela estén fríos, esparza el glaseado por encima.

Rinde 8 rollos

66. Bebé holandés

Inicio
160 gramos. agua
160 gramos. harina
1 a 2 cucharadas de iniciador
bebe holandés
6 cucharadas de mantequilla
320 gramos. entrante (hecho la noche anterior)
6 huevos batidos
⅓ taza de leche
½ cucharadita sal

La noche anterior:
En un tazón grande, combine todos los ingredientes para el entrante. Cubra y coloque el recipiente sobre la encimera para que suba durante la noche.

A la mañana siguiente:
Precalienta el horno a 425°. Coloque la mantequilla en una sartén grande de hierro fundido o en una olla holandesa. Coloque la sartén en el horno para derretir la mantequilla, observando que la mantequilla se derrita pero no se queme.

Mientras la mantequilla se derrite y el horno se precalienta, en el bol grande que contiene la masa entrante, agrega los huevos, la leche y la sal. Mezclar hasta que la masa esté muy suave.

Con guantes de cocina, retire la bandeja del horno e inclínela para que el interior quede cubierto. Vierte la masa en el molde y regrésala al horno. Hornee durante 15 a 20 minutos o hasta que el holandés esté dorado por encima y haya inflado los lados del molde. Corta el bebé holandés como lo harías con un pastel. Sirva las rodajas solas o con un poco de mantequilla, azúcar en polvo, jarabe de arce o frutos rojos frescos.

Sirve de 4 a 6 porciones

67. Cereales calientes

2 tazas de entrante
1½ tazas de agua
¼ cucharadita sal

En una cacerola mediana, mezcla la masa entrante, el agua y la sal. Llevar a fuego lento, revolviendo ocasionalmente para que el fondo no se queme. Baja la temperatura a fuego lento y continúa cocinando por unos minutos más o hasta que haya espesado un poco. Servir con un poco de leche, un poco de mantequilla y azúcar al gusto.

Rinde aproximadamente 4 porciones

68. Waffles ligeros y aireados

2 tazas de iniciador activo
2 huevos, yemas separadas
¼ taza de leche
2 cucharadas de mantequilla, derretida y ligeramente enfriada
1 cucharada de azúcar granulada
1 cucharadita sal
½ a 1 taza de harina para todo uso sin blanquear

En un tazón mediano, mezcle la masa madre, las yemas de huevo, la leche, la mantequilla, el azúcar y la sal. Agregue suficiente harina, poco a poco, para obtener una masa que se pueda verter pero espesa y mezcle bien para que la masa ya no tenga grumos. Tapa el bol y déjalo reposar a temperatura ambiente durante 1½ horas.

Batir las claras hasta que se formen picos suaves y luego incorporarlas suavemente a la masa.

Cocine los gofres según las instrucciones de su plancha para gofres. Cubra los waffles con mantequilla, almíbar, mermelada o fruta y crema batida endulzada.

Rinde unos 6 gofres

69. panqueques de harina de avena

1 taza de iniciador (descartar está bien)
1 taza de copos de avena (avena cruda a la antigua)
1 taza de leche
1 huevo batido
2 cucharadas de mantequilla derretida y más mantequilla o aceite para cocinar
2 cucharadas de azúcar granulada
1 cucharadita Levadura en polvo
1 cucharadita bicarbonato
½ cucharadita sal

En un tazón grande, combine la masa madre, los copos de avena y la leche; tapar y dejar reposar sobre la encimera durante 30 minutos.

Incorpora suavemente el huevo, la mantequilla derretida, el azúcar, el polvo para hornear, el bicarbonato de sodio y la sal.

Vierta ¼ de taza de masa por panqueque en una sartén o sartén caliente y engrasada (el hierro fundido funciona bien) y cocine durante unos 3 minutos; voltea los panqueques y cocina el segundo lado hasta que estén cocidos (aproximadamente 2 minutos). Sirva solo o con mantequilla, jarabe de arce o mermelada.

La cantidad de panqueques varía según el tamaño de los panqueques individuales

70. Panqueques de la noche a la mañana

Inicio
1½ tazas de harina para todo uso sin blanquear
1 taza de leche
½ taza de iniciador (desecharlo está bien para usar)
masa
2 huevos
2 cucharadas de mantequilla, derretida y luego enfriada un poco
2 cucharadas de azúcar granulada
1 cucharadita Levadura en polvo
½ cucharadita sal

La noche anterior:
En un tazón grande, mezcle la harina, la leche y la masa madre; cubra y déjelo reposar en la encimera durante la noche.

A la mañana siguiente:
En un recipiente aparte, mezcle los huevos, la mantequilla, el azúcar, el polvo para hornear y la sal. Vierta esta mezcla en la mezcla inicial y revuelva suavemente para combinar. Tapa el bol y déjalo reposar unos 15 minutos.

Vierta ¼ de taza de masa por panqueque en una sartén o sartén caliente y engrasada y cocine durante unos 3 minutos; voltea los panqueques y cocina el segundo lado hasta que estén cocidos (aproximadamente 2 minutos).

La cantidad de panqueques varía según el tamaño de los panqueques individuales

71. Panqueques De Calabaza

2 huevos, yemas separadas
300 gramos. suero de la leche
150 gramos. arrancador activo
80 gramos. puré de calabaza (natural)
180 gramos. harina para todo uso sin blanquear
2 cucharadas de azúcar granulada
1 cucharadita sal
1 cucharadita bicarbonato
1 cucharadita Levadura en polvo
½ a ¾ cucharadita. canela molida
⅛ cucharadita nuez moscada molida (opcional)
¼ de taza de mantequilla (½ barra), derretida

Separe los huevos: coloque las claras en un tazón mediano y reserve por ahora; Coloque las yemas en otro tazón mediano. Batir las yemas hasta que se rompan; agregue el suero de leche, el entrante y el puré de calabaza y bata nuevamente para combinar los ingredientes.

En un tazón grande, mezcle la harina, el azúcar, la sal, el bicarbonato de sodio, el polvo para hornear, la canela y la nuez moscada (si se usa). Agrega la mezcla inicial y revuelve. Luego, agregue la mantequilla derretida y revuelva nuevamente, pero lo suficiente como para que no queden restos secos de harina.

Batir o usar una batidora de mano para batir las claras hasta que se formen picos rígidos y luego incorporarlas a la masa.

Vierta ¼ de taza de masa por panqueque en una sartén o sartén caliente y engrasada y cocine durante unos 3 minutos; voltea los panqueques y cocina el segundo lado hasta que estén cocidos (aproximadamente 2 minutos).

La cantidad de panqueques varía según el tamaño de los panqueques individuales

72. Panqueques Rápidos

2 tazas de harina para todo uso sin blanquear
2 cucharadas de azúcar granulada
2 cucharaditas Levadura en polvo
1 cucharadita bicarbonato
½ cucharadita sal
1½ tazas de leche
1 taza de iniciador recién tomado
1 huevo batido
2 cucharadas de aceite

Batir la harina, el azúcar, el polvo para hornear, el bicarbonato de sodio y la sal. Agregue la leche, la masa madre, el huevo y el aceite y combine suavemente.

Vierta ¼ de taza de masa por panqueque en una sartén o sartén caliente y engrasada y cocine durante unos 3 minutos; voltea los panqueques y cocina el segundo lado hasta que estén cocidos (aproximadamente 2 minutos).

Sirva con mantequilla, almíbar o mermelada.

Rinde de 12 a 16 panqueques

73. Waffles Rápidos

1 taza de iniciador o desechar
⅔ taza de leche
2 cucharadas de aceite
1 cucharada de azúcar granulada
2 huevos
1 taza de harina para todo uso sin blanquear
1 cucharadita bicarbonato
Precalienta tu plancha para gofres.
En un tazón mediano, agregue la masa madre, la leche, el aceite, el azúcar y los huevos; mezclar bien.
Batir la harina y el bicarbonato de sodio y mezclarlos con la mezcla inicial. Si es necesario, agregue un poco más de leche o harina para obtener la consistencia de masa adecuada.
Siguiendo las instrucciones que vienen con su plancha para gofres, vierta la masa en su plancha para gofres y cocine. Servir inmediatamente, cubierto con mantequilla, almíbar, mermelada, etc.
Las cantidades varían según el tamaño de la plancha para gofres que uses, pero obtengo 5 gofres por lote

74. Panqueques De Centeno

480 gramos. arrancador activo
1 huevo batido
120 gramos. leche
30 gramos. mantequilla, derretida y ligeramente enfriada
25 gramos. azúcar granulada
6 gramos. sal
115 gramos. harina de centeno
Harina para todo uso sin blanquear según sea necesario
½ cucharadita bicarbonato de sodio disuelto en 1 T. de agua

En un tazón mediano, mezcle la masa madre, el huevo, la leche, la mantequilla, el azúcar y la sal hasta que estén bien combinados. Agrega la harina de centeno y revuelve nuevamente; agregue suficiente harina para todo uso para lograr la consistencia deseada de la masa para panqueques. Mezclar bien para que no queden grumos en la masa. Justo antes de comenzar a cocinar, vierta el bicarbonato de sodio disuelto y mezcle bien nuevamente.

Vierta ¼ de taza de masa por panqueque en una sartén o sartén caliente y engrasada y cocine durante unos 3 minutos; voltea los panqueques y cocina el segundo lado hasta que estén cocidos (aproximadamente 2 minutos).

Sirva con mantequilla, almíbar, mermelada o puré de manzana endulzado.

Rinde de 10 a 12 panqueques

75. Estratos de pan de masa madre y salchicha

4 tazas de pan de masa madre, en cubitos
1 libra de salchicha de desayuno o salchicha italiana, cocida y desmenuzada
2 tazas de queso cheddar fuerte, rallado (si compras un bloque de queso y lo desmenuzas tú mismo, el queso se derrite más)
12 huevos
2¼ tazas de leche
2 cucharaditas mostaza molida seca
1 cucharadita sal
½ cucharadita Pimienta molida

Arma los estratos la noche anterior para poder hornearlos por la mañana. Esta receta utiliza pan de masa madre y es excelente para aprovechar el pan sobrante.

La noche anterior:

Engrase o unte con mantequilla una fuente para hornear de 9 × 13 pulgadas. Mezcle los cubos de pan y la salchicha cocida y extiéndalos uniformemente por el fondo del molde. Luego, espolvorea el queso rallado uniformemente sobre la salchicha y el pan.

En un tazón mediano, bata los huevos, la leche, la mostaza seca, la sal y la pimienta hasta que estén bien combinados. Vierta la mezcla de huevo sobre los cubos de pan, la salchicha y el queso. Cubra la fuente para hornear con papel de aluminio, doblando los bordes para que quede bien ajustado. Refrigere durante la noche.

El día siguiente:

Saca los estratos del refrigerador, déjalo tapado y colócalo en la encimera para que se caliente un poco (unos 30 minutos).

Precalienta el horno a 350°. Hornea los estratos por 30 minutos, aún cubiertos con el papel de aluminio; retire el papel de aluminio y continúe horneando durante 25 a 30 minutos más o hasta que los estratos estén inflados y el centro esté listo. Cortarlo en cuadritos y servir.

Rinde de 8 a 12 cuadrados

76. Pan De Masa Madre Tostada Francesa

Esta receta es excelente para aprovechar los restos de pan de masa madre que se está poniendo rancio.

4 huevos
½ taza de leche
Sal y pimienta para probar
8 rebanadas gruesas de pan de masa madre
Mantequilla para cocinar

En un plato de fondo plano, como un molde para pastel de vidrio o una fuente para hornear, bata los huevos, la leche, la sal y la pimienta hasta que estén bien mezclados. (También puedes usar una licuadora para mezclar los ingredientes). Agrega las rebanadas de pan de masa madre y deja que absorban la mezcla de huevo.

Derrita un poco de mantequilla en una sartén o comal a fuego medio; agrega las rebanadas de pan remojadas y cocina por varios minutos o hasta que el fondo esté dorado; voltea las tostadas francesas y cocina el segundo lado hasta que estén cocidas y doradas. Tenga cuidado de controlar la temperatura para que la tostada francesa no se queme ni se oscurezca demasiado antes de cocinarse por completo.

Sirva solo o con mantequilla, azúcar en polvo o jarabe de arce.

Rinde 8 rebanadas

77. Sapo en el agujero

Mantequilla para untar, temperatura ambiente
6 rebanadas gruesas de pan de masa madre con un agujero cortado o arrancado en el medio, de aproximadamente 4 pulgadas de diámetro (o use un cortador de galletas)
6 huevos
Sal y pimienta para probar
Unte mantequilla por ambos lados de las rebanadas de pan.
Coloca el pan en una sartén precalentada. Cocine a fuego medio-bajo hasta que la parte inferior esté dorada y tostada. Dale la vuelta al pan y casca un huevo en el agujero de cada trozo de pan. Espolvorea con sal y pimienta si lo deseas (o sal y pimienta en la mesa al servir). Tapa la sartén y cocina hasta que las claras estén cuajadas. Si lo deseas, puedes voltear rápidamente las tostadas hacia el primer lado para cocinar los huevos un poco más firmes.
Para 6

78. Panqueques Integrales

2½ tazas de harina integral (la harina integral de repostería hará un panqueque algo más ligero y esponjoso, pero no es necesario)
2 tazas de leche
1 taza de entrante
2 cucharadas de aceite
2 huevos
¼ de taza) de azúcar
2 cucharaditas bicarbonato
1 cucharadita sal

En un tazón grande, combine la harina, la leche, la masa madre y el aceite hasta que se mezclen pero no queden suaves. Déjalo reposar a temperatura ambiente durante 30 minutos.

Agrega los huevos, el azúcar, el bicarbonato y la sal y vuelve a mezclar. Si quedan algunos grumos, está bien.

Vierta ¼ de taza de masa por panqueque en una sartén o sartén caliente y engrasada y cocine durante unos 3 minutos; voltea los panqueques y cocina el segundo lado hasta que estén cocidos (aproximadamente 2 minutos).

La cantidad de panqueques varía según el tamaño de los panqueques individuales

MASA MADRE DE CENTENO

79. Pan de centeno

Ingredientes
- ¾ taza (200 ml) de agua, temperatura ambiente
- 2 tazas (200 g) de harina de centeno finamente molida
- ½ taza (100 g) de manzana rallada, pelada

Direcciones

a) Combine los ingredientes y déjelos reposar durante 2 a 4 días en un frasco de vidrio con tapa hermética. Revuelva por la mañana y por la noche.

b) La masa madre estará lista cuando la mezcla empiece a burbujear. A partir de este momento sólo queda "alimentar" la masa para que conserve su sabor y capacidad de fermentar. Si dejas la masa madre en el frigorífico, deberás alimentarla una vez a la semana con ½ taza (100 ml) de agua y 1 taza (100 g) de harina de centeno. Si mantienes la masa madre a temperatura ambiente, conviene alimentarla todos los días, de la misma forma. La consistencia debe parecerse a una papilla espesa.

c) Si te sobra masa madre, puedes congelarla en recipientes con capacidad para media taza o dejar secar una parte.

80. <u>Levain</u>

Rinde 2 panes
Ingredientes
Día 1
- 3½ onzas (100 g) masa madre de trigo
- 1 taza (200 ml) de agua a temperatura ambiente
- 1¼ taza (150 g) de harina de trigo
- ½ taza (50 g) de harina de centeno sin mezclar (es decir, harina sin trigo) Mezcle bien todos los ingredientes.

Dia 2
- 2 tazas (450 ml) de agua a temperatura ambiente
- 6 tazas (750 g) de harina de trigo 4 cucharaditas (20 g) de sal marina

Direcciones
a) Coloca la masa en un bol y cúbrela con film transparente. Guárdalo en el frigorífico durante la noche.
b) Agrega agua y harina a la masa. Amasar bien. Agrega la sal. Amasar la masa por otros 2 minutos.
c) Deje reposar durante 1 hora y luego forme suavemente dos panes.
d) Deje reposar los panes debajo de un paño durante 45 minutos.
e) Temperatura inicial del horno: 525 °F (280 °C)
f) Pon los panes en el horno. Espolvorea una taza de agua en el fondo del horno. Reduzca la temperatura a 450°F (230°C) y hornee por 30 minutos.
g) Vierta con cuidado la masa sobre una superficie enharinada. Divídelo en dos partes.
h) Dobla suavemente la masa.
i) Con cuidado, forme dos panes alargados con la masa.

81. Ciabatta de centeno

Rinde unos 10 panes

Ingredientes
- 7 onzas (200 g) masa madre de trigo
- ½ taza (50 g) de harina fina de centeno
- 4 tazas (500 g) de harina de trigo
- aprox. 1⅔ tazas (400 ml) de agua, temperatura ambiente
- ½ cucharadas (10 g) de sal
- aceite de oliva para el bol

Direcciones
a) Mezclar todos los ingredientes menos la sal y amasar bien. Agrega la sal.
b) Coloque la masa en un tazón para mezclar engrasado. Cubrir con film plástico y dejar reposar la masa en el frigorífico durante la noche.
c) Al día siguiente, vierte suavemente la masa sobre una mesa para hornear.
d) Dobla la masa y déjala reposar en el frigorífico durante aproximadamente 5 horas, doblando la masa nuevamente una vez cada hora.
e) Vierta la masa sobre la mesa. Córtelo en trozos de aproximadamente 2 × 6 pulgadas (10 × 15 cm) y colóquelos en una bandeja para hornear engrasada. Déjalas reposar en el frigorífico otras 10 horas. Por eso se necesitan unos 2 días para hacer este pan.
f) Temperatura inicial del horno: 475 °F (250 °C)
g) Coloca los panes en el horno. Espolvorea una taza de agua sobre el piso del horno. Reduzca la temperatura a 400°F (210°C) y hornee por unos 15 minutos.
h) Doblar la masa y dejarla en el frigorífico unas 5 horas. Repita el plegado una vez por hora durante este período de tiempo.
i) Coloca la masa sobre la superficie enharinada y estírala.
j) Corta la masa en trozos de aproximadamente 2 × 6 pulgadas (10 × 15 cm).

82. Pan Campesino Francés

hacer 1 pan
Ingredientes
- 2 tazas (500 ml) de agua a temperatura ambiente
- 5 tazas (600 g) de harina de trigo
- 2 tazas (200 g) de harina de espelta tamizada
- 4½ onzas (125 g) masa madre de trigo
- 4½ onzas (125 g) masa madre de centeno
- 1½ cucharadas (25 g) de aceite de oliva con sal para el bol

Direcciones

a) Mezclar todos los ingredientes excepto la sal hasta que la masa esté suave.

b) Cuando la masa esté bien amasada añadimos la sal. Continúe amasando por unos minutos más. Coloca la masa en un bol untado con aceite y cúbrela con un paño.

c) Dejar reposar la masa durante unas 2 horas.

d) Vierta la masa sobre una mesa enharinada y forme una hogaza larga. Déjalo reposar durante unos 40 minutos.

e) Temperatura inicial del horno: 525 °F (270 °C)

f) Coloca el pan en el horno y espolvorea una taza de agua en el fondo del horno. Reduzca la temperatura a 450 °F (230 °C).

g) Hornee por unos 30 minutos.

83. Pan De Avellanas

Rinde 2 panes
Ingredientes
- 2 tazas (500 ml) de agua a temperatura ambiente
- 16 onzas. (450 g) masa madre de centeno
- 3¾ tazas (450 g) de harina de trigo
- 2¼ tazas (225 g) de harina de espelta, tamizada
- 2¼ tazas (225 g) de harina fina de centeno
- 1½ cucharadas (25 g) de sal
- 2½ tazas (350 g) de avellanas enteras
- aceite de oliva para el bol

Direcciones

a) Mezclar todos los ingredientes excepto la sal y las nueces. Amasar bien la masa.

b) Agrega la sal y las nueces y amasa hasta formar la masa.

c) Coloque la masa en un recipiente de plástico cubierto con aceite y déjela reposar durante unas 3 horas.

d) Separa y forma 2 panes con la masa y colócalos en una bandeja para hornear engrasada. Dejar reposar durante una hora más o menos.

e) Temperatura inicial del horno: 525 °F (270 °C)

f) Coloca los panes en el horno y reduce la temperatura a 450°F (230°C).

g) Hornea los panes durante 30 a 40 minutos.

84. Pan Dulce Ruso

Rinde 1 pan
Ingredientes
- 26½ onzas (750 g) masa madre de centeno
- 1¼ taza (300 ml) de agua a temperatura ambiente
- 3½ cucharaditas (20 g) de sal
- 1 cucharada (10 g) de semillas de alcaravea
- 2½ tazas (300 g) de harina de trigo
- 3 tazas (300 g) de harina de espelta tamizada

Direcciones

a) Mezclar los ingredientes y amasar hasta que la masa esté suave. Déjalo reposar debajo de un paño durante 1 hora.

b) Dale forma a la masa en una hogaza grande y redonda. Colóquelo en una bandeja para hornear engrasada y cúbralo con un paño.

c) Deje que la masa crezca durante 1 a 2 horas.

d) Antes de meterla al horno, espolvorea la masa con harina. Hornee en el horno a 400 °F (210 °C) durante unos 40 a 50 minutos.

85. Pan de centeno danés

Rinde 3 panes
Ingredientes
Día 1
- 2 tazas (500 ml) de agua a temperatura ambiente
- 3 tazas (300 g) de harina de centeno integral
- 1 onza. (25 g) masa madre de centeno

Dia 2
- 4 tazas (1 litro) de agua, temperatura ambiente
- 8 tazas (800 g) de harina de centeno integral
- 2 tazas (250 g) de harina integral
- 2 cucharadas (35 g) de sal
- 4½ onzas (125 g) semillas de girasol
- 4½ onzas (125 g) semillas de calabaza
- 2½ onzas (75 g) de linaza entera

Direcciones

a) Mezclar bien los ingredientes y dejar reposar a temperatura ambiente durante la noche.

b) Combina la masa hecha el día anterior con los nuevos ingredientes. Mezclar bien durante unos 10 minutos.

c) Divida la masa en tres moldes para pan de 8 × 4 × 3 pulgadas (1½ litro). Los recipientes deben llenarse sólo dos tercios de su capacidad. Déjelo reposar en un lugar cálido durante 3 a 4 horas.

d) Temperatura inicial del horno: 475 °F (250 °C)

e) Coloca los moldes en el horno y reduce la temperatura a 350°F (180°C). Espolvorea una taza de agua en el piso del horno. Hornea los panes durante 40 a 50 minutos.

f) Día 2: Mezclar los ingredientes restantes con la masa madre.

g) Revuelve bien la masa durante unos 10 minutos.

h) Coloque la masa en un molde para pan de 8 × 4 × 3 pulgadas (1 1/2 litros). Llene la sartén no más de dos tercios del camino hasta arriba. Dejar leudar hasta que la masa haya llegado al borde del molde.

86. **Pan De Nueces**

Rinde 1 pan

Ingredientes
- 2 tazas (500 ml) de agua a temperatura ambiente
- 14 onzas (400 g) masa madre de centeno
- 4 tazas (400 g) de harina de centeno sin mezclar (es decir, sin harina de trigo)
- 4 tazas (500 g) de harina de trigo
- 14 onzas (400 g) nueces enteras
- 3½ cucharaditas (20 g) de sal
- aceite de oliva para el bol

Direcciones

a) Mezclar todos los ingredientes excepto las nueces y la sal. Amasar hasta que la masa esté suave.

b) Una vez que la masa esté bien amasada añadimos la sal y las nueces. Continúe amasando por unos minutos más.

c) Luego, coloca la masa en un bol engrasado y cúbrela con un paño.

d) Dejar reposar la masa durante unas 2 horas.

e) Coloque la masa sobre una superficie enharinada y forme una hogaza redonda. Déjelo reposar en una bandeja para hornear engrasada durante unos 30 minutos.

f) Temperatura inicial del horno: 475 °F (250 °C)

g) Coloca el pan en el horno y espolvorea una taza de agua en el fondo del horno. Reduzca la temperatura a 450 °F (230 °C).

h) Hornea el pan durante unos 30 minutos.

i) Una vez que la masa esté bien amasada añadimos la sal y las nueces. Amasar nuevamente por unos minutos.

j) Una vez que la masa haya subido, córtala en dos trozos.

k) Aplana ligeramente los trozos sobre la bandeja para hornear.

87. Pan de Espelta con Naranja

Rinde 1 pan
Ingredientes
Paso 1
- ½ naranja de tamaño normal

Paso 2
- trozos de piel de naranja
- 7 onzas (200 g) masa madre de centeno
- 1 taza (200 ml) de agua a temperatura ambiente
- ½ cucharadas (10 g) de sal 1 cucharadita (5 g) de hinojo
- aproximadamente 6 a 7 tazas (600 a 700 g) de harina de espelta, tamizada

Direcciones

a) Pelar la naranja. Cocine a fuego lento la cáscara en agua durante unos minutos. Retirar del agua y dejar enfriar un poco.

b) Con una cuchara, raspa la parte blanca del interior de la cáscara. Picar la piel en trozos pequeños.

c) Mezcla todos los ingredientes, pero agrega las últimas tazas de harina lentamente. La harina de espelta no absorbe líquidos de la misma forma que la harina de trigo normal. Amasar bien.

d) Deja que la masa suba durante unos 30 minutos.

e) Forme una hogaza redonda con la masa y colóquela en una bandeja para hornear engrasada. Deje que la masa suba hasta que duplique su tamaño; esto puede tardar hasta unas pocas horas.

f) Hornee a 400°F (200°C) durante unos 25 minutos.

g) Cepille el pan con agua después de sacarlo del horno.

88. Pan De Anís

Rinde 1 pan
Ingredientes
- 3 tazas (300 g) de harina de centeno finamente molida
- 2½ tazas (250 g) de harina de espelta tamizada
- 10½ onzas (300 g) masa madre de centeno
- ½ cucharadas (10 g) de sal
- 4 cucharaditas (20 g) de azúcar sin refinar
- 1¼ taza (300 ml) de cerveza baja en alcohol, temperatura ambiente
- ½ oz. (15 g) de anís triturado
- 1¾ onzas (50 g) de linaza

Direcciones
a) Mezclar todos los ingredientes. La masa quedará bastante pegajosa. Deje reposar a temperatura ambiente durante aproximadamente 1 hora.

b) Enharina ligeramente tus manos y amasa suavemente la masa. Forme un bollo grande y redondo con la masa y colóquelo en una bandeja para hornear engrasada.

c) Deja que el pan suba hasta que doble su tamaño. Esto puede tardar un par de horas.

d) Temperatura inicial del horno: 450 °F (230 °C)

e) Coloca el pan en el horno y espolvorea una taza de agua en el fondo. Reduzca la temperatura a 350 °F (180 °C) y hornee durante 45 a 55 minutos.

89. Pan De Girasol

Rinde entre 15 y 20 rollos

Ingredientes
- 1¾ cucharaditas (5 g) de levadura fresca
- 1¼ taza (300 ml) de agua a temperatura ambiente
- 3 tazas (300 g) de harina de centeno finamente molida
- 2½ tazas (300 g) de harina de trigo
- 7 onzas (200 g) masa madre de centeno
- 1 cucharada (15 g) de sal
- 3 cucharadas (50 g) de miel
- ⅔ taza (150 ml) de semillas de girasol
- 1 cucharada (10 g) de comino

Direcciones
a) Disolver la levadura en un poco de agua. Agrega todos los ingredientes y mezcla bien.
b) Deja que la masa suba en un lugar cálido hasta que doble su tamaño. Esto tardará entre 1 y 2 horas.
c) Forme quince o veinte panecillos pequeños con la masa. Colóquelos en una bandeja para hornear engrasada y déjelos reposar en un lugar cálido hasta que dupliquen su tamaño.
d) Hornee a 350°F (180°C) durante unos 10 minutos.
e) Amasar la masa después de que haya subido y darle forma de rollo largo.
f) Corta la masa en quince o veinte trozos.
g) Forme panes redondos y colóquelos en una bandeja para hornear para que crezcan hasta que dupliquen su tamaño.

90. Pan De Cerveza

Rinde 2 panes

Ingredientes
- aproximadamente 1¼ taza (300 ml) de cerveza, temperatura ambiente
- 7 cucharaditas (20 g) de levadura fresca
- 1 cucharada (15 g) de sal
- 16 onzas. (450 g) masa madre de centeno
- 5½ tazas (700 g) de harina integral

Direcciones

a) Mezclar todos los ingredientes, excepto la harina. Agrega la harina poco a poco y mezcla bien. No agregues toda la harina de una vez; Pruebe la masa para asegurarse de que esté elástica antes de agregar más harina.

b) Amasar bien.

c) Deja reposar la masa unos 15 minutos. Amasar bien.

d) Forme dos panes con la masa y déjela reposar en una bandeja para hornear engrasada hasta que aproximadamente haya duplicado su tamaño. Espolvorea un poco de harina sobre el pan.

e) Temperatura inicial del horno: 475 °F (250 °C)

f) Coloca los panes en el horno y espolvorea una taza de agua en el fondo. Baje la temperatura a 400 °F (200 °C).

g) Hornea el pan durante unos 45 minutos.

91. Pan De Centeno Crujiente

Rinde unas 20 galletas
Ingredientes
- 17½ onzas (500 g) de masa madre de centeno elaborada con harina integral de centeno
- 17½ onzas (500 g) masa madre de trigo
- 5 tazas (500 g) de harina fina de centeno
- ½ cucharadas (10 g) de sal

Direcciones
a) Mezclar bien los ingredientes y dejar reposar la masa durante unas 2 horas.
b) Estirar la masa lo más finamente posible. Cortar en galletas saladas y colocar en una bandeja para hornear engrasada. Pinchar con un tenedor para evitar que el pan burbujee.
c) Deje reposar las galletas durante 2 a 3 horas.
d) Hornee a 400 °F (210 °C) durante aproximadamente 10 minutos.

92. Pan Crujiente Sabroso

Rinde 15 galletas
Ingredientes
- ½ oz. (10 g) de levadura fresca
- 1⅔ tazas (400 ml) de agua fría
- 3½ onzas (100 g) masa madre de centeno
- 3½ onzas (100 g) masa madre de trigo
- 3 tazas (300 g) de harina integral de centeno
- 4¼ tazas (550 g) de harina de trigo
- 1 cucharada (15 g) de sal
- ½ oz. (15 g) de sal marina de anís para cubrir

Direcciones
a) Disolver la levadura en el agua y mezclar con la masa madre. Agrega la harina y amasa bien. Deja reposar la masa unos 15 minutos.
b) Agrega sal y anís y amasa la masa una vez más. Colocar en un bol cubierto con film transparente. Déjalo reposar en el frigorífico durante la noche.
c) Al día siguiente, corta la masa en quince trozos. Extienda cada trozo de masa hasta que se convierta en una galleta fina. Para evitar que la masa se pegue, enharina ligeramente el rodillo. De vez en cuando, voltea la galleta para asegurarte de que estás esparciendo la masa correctamente.
d) Coloque las galletas en una bandeja para hornear cubierta con papel pergamino. Pínchalas con un tenedor. Espolvorear con un poco de sal marina al gusto.
e) Hornea las galletas a unos 210 °C (400 °F) durante 15 minutos. Deje que las galletas se sequen sobre una rejilla para enfriar.
f) Forme rollos con la masa y córtela en quince trozos.
g) Enrolle cada trozo de masa hasta formar una oblea fina. Cubrir ligeramente la masa con harina para evitar que se pegue al rodillo.
h) Pincha las galletas con un tenedor. Espolvorear con sal marina y colocar sobre una hoja cubierta con papel pergamino.

93. Galletas finas

Rinde de 6 a 8 galletas saladas grandes
Ingredientes
- ¾ de taza (200 ml) de yogur bajo en grasa
- 7 onzas (200 g) masa madre de centeno
- 2 cucharaditas (15 g) de miel
- ½ cucharadas (10 g) de sal
- 4 tazas (500 g) de harina de trigo

Direcciones
a) Mezclar todos los ingredientes y amasar bien la masa.
b) Corta la masa en seis a ocho trozos redondos. Enrolle los trozos hasta formar galletas finas. Enharina ligeramente la superficie y la masa para evitar que se pegue la masa. Coloca las galletas en una bandeja para hornear engrasada y pinchalas con un tenedor.
c) Hornea las galletas a 220 °C (430 °F) durante unos 10 minutos. Déjalos secar sobre una rejilla para enfriar.
d) Enrolle la masa formando un cilindro largo y córtela en seis a ocho trozos.
e) Enrolla la masa lo más fina posible.
f) Pinchar con un tenedor.

94. Pan de patata

Rinde 1 pan
Ingredientes
Paso 1 (pre-masa)
- 1 tanda de masa madre de patata
- 2 tazas (250 g) de harina de trigo
- 1¾ onzas (50 g) cáscaras de rosa mosqueta

Paso 2
- ¾ taza (200 ml) de agua, temperatura ambiente
- ½ cucharadas (10 g) de sal
- ½ taza (50 g) de harina de centeno finamente molida
- 2 tazas (200 g) de harina de espelta tamizada

Direcciones
a) Combinar la masa madre y la harina y dejar reposar en el frigorífico unas 8 horas.
b) Remojar las cáscaras de rosa mosqueta en un recipiente aparte.
c) Sacar la masa previa del frigorífico. Agregue los ingredientes enumerados anteriormente, más las cáscaras de rosa mosqueta escurridas.
d) Amasar bien la masa y darle forma de hogaza. Colóquelo en una bandeja para hornear engrasada y déjelo reposar debajo de un paño hasta que doble su tamaño. Esto puede tardar algunas horas.
e) Hornea el pan a 400°F (200°C) durante unos 25 minutos.

MASA MADRE DE ESPELTA

95. Masa Madre de Espelta

Rinde 2 panes

Ingredientes
- 35 onzas (1 kg) de masa madre de espelta
- 1 cucharada (15 g) de sal
- 3 cucharadas (25 g) de levadura fresca
- 2½ cucharadas (35 ml) de jarabe de melaza (se puede sustituir por almíbar oscuro)
- ½ taza (100 ml) de agua, temperatura ambiente
- 6 tazas (625 g) de harina fina de centeno
- 1¾ taza (225 g) de harina de trigo

Direcciones
a) Mezclar bien los ingredientes y dejar reposar durante unos 30 minutos.
b) Forme con cuidado dos panes alargados y espolvoree con harina. Dejar levar el pan hasta que los panes dupliquen su tamaño (déjalos leudar en una cesta, si es posible).
c) Temperatura inicial del horno: 475 °F (250 °C)
d) Coloca los panes en el horno y espolvorea una taza de agua en el piso del horno. Reduzca la temperatura a 375 °F (195 °C).
e) Hornee por unos 30 minutos.

96. Pan de masa madre de espelta y centeno

Ingredientes:
300 g de harina de espelta
100 g de harina de centeno
100 g de harina pan
350 g de agua
100 g de masa madre
10 g de sal

Direcciones:
En un tazón grande, combine la harina de espelta, la harina de centeno, la harina para pan y el agua. Mezcla hasta tener una masa peluda.
Agrega la masa madre y la sal al bol. Mezclar todo hasta formar una masa cohesiva.
Coloque la masa sobre una superficie enharinada y amase durante unos 10 minutos. Debes tener una masa suave y elástica.
Coloca la masa en un bol engrasado y cúbrela con film transparente o un paño de cocina. Déjalo reposar a temperatura ambiente durante unas 6-8 horas, o hasta que haya duplicado su tamaño.
Precalienta tu horno a 450°F (230°C). Si tienes un horno holandés, colócalo en el horno para precalentarlo también.
Una vez que la masa haya subido, colócala sobre una superficie enharinada y dale forma de hogaza redonda u ovalada.
Coloque el pan en el horno holandés precalentado o en una bandeja para hornear forrada con papel pergamino. Marque la parte superior del pan con un cuchillo afilado o una hoja de afeitar.
Hornee durante 30 a 35 minutos, o hasta que la corteza esté dorada y la temperatura interna del pan alcance 200 a 210 °F (93 a 99 °C).
Retire el pan del horno y déjelo enfriar sobre una rejilla durante al menos 30 minutos antes de cortarlo.

97. Bagels de masa madre de espelta

Ingredientes:
500 g de harina de espelta
350 g de agua
100 g de masa madre
10 g de sal
1 cucharada de miel
1 huevo batido
Semillas de amapola

Direcciones:
En un tazón grande, combine la harina de espelta y el agua. Mezcla hasta tener una masa peluda.
Agrega la masa madre, la sal y la miel al bol. Mezclar todo hasta formar una masa cohesiva.
Coloque la masa sobre una superficie enharinada y amase durante unos 10 minutos. Debes tener una masa suave y elástica.
Coloca la masa en un bol engrasado y cúbrela con film transparente o un paño de cocina. Déjalo reposar a temperatura ambiente durante unas 6-8 horas, o hasta que haya duplicado su tamaño.
Precalienta tu horno a 450°F (230°C).
Una vez que la masa haya subido, colóquela sobre una superficie enharinada y divídala en 8-10 trozos iguales.
Haga una bola con cada pieza y luego use el pulgar para hacer un agujero en el centro. Estire el agujero hasta que tenga entre 1 y 2 pulgadas de diámetro.
Coloque los bagels en una bandeja para hornear forrada con papel pergamino. Pincelar la parte superior de los bagels con huevo batido y espolvorear con semillas de amapola.
Hornee durante 20-25 minutos, o hasta que los bagels estén dorados y bien cocidos.
Retire los bagels del horno y déjelos enfriar sobre una rejilla durante al menos 30 minutos antes de cortarlos y servirlos.

98. Masa Madre De Patata

Ingredientes
- 2 patatas medianas, peladas
- 1 cucharaditas de miel
- 1 Cucharadas de harina de espelta, tamizada

Direcciones

a) Mezclar las patatas hasta que parezcan gachas. Agrega la miel y la harina de espelta.

b) Guarde la mezcla en un frasco con tapa hermética. Revuelva por la mañana y por la noche.

c) Esta masa madre suele tardar un poco más en prepararse que otras, pero definitivamente vale la pena dedicarle más tiempo. Pasarán entre 5 y 7 días antes de que esté listo.

d) La masa madre estará lista cuando la mezcla empiece a burbujear. A partir de este momento sólo queda "alimentar" la masa para que conserve su sabor y capacidad de fermentar.

99. Masa Madre De Lentejas

Ingredientes
Día 1
- ½ taza (100 ml) de lentejas verdes secas
- ½ taza (100 ml) de agua, temperatura ambiente
- 1 Cucharadas de harina de espelta, tamizada

Dia 2
- ½ taza (100 ml) de agua, temperatura ambiente

Direcciones

a) Con una batidora de mano, mezcla las lentejas hasta que empiecen a parecerse a harina. Agrega agua y harina de espelta.

b) Vierta la mezcla en un frasco con tapa hermética.

c) Agrega el agua. Mezclar bien y dejar reposar en el frasco de vidrio durante 2 a 4 días. Revuelva por la mañana y por la noche. La masa madre estará lista cuando la mezcla empiece a burbujear. A partir de este momento sólo queda "alimentar" la masa para que conserve su sabor y capacidad de fermentar.

d) Cubre el fondo de un frasco de vidrio con pasas orgánicas. Agregue agua tibia hasta llenar casi dos tercios del frasco. Asegúrelo con una tapa hermética.

e) Deje el frasco a temperatura ambiente durante aproximadamente 6 a 7 días hasta que aparezcan burbujas de levadura visibles. El proceso inicial puede variar dependiendo de la temperatura de la habitación.

f) Agitar la mezcla. Colocar en un frasco hermético y dejar reposar durante 3 días a temperatura ambiente.

g) También puedes secar tu masa madre. Coloque una hoja de papel pergamino en una bandeja para hornear. Cúbrelo con una fina capa de masa madre (1-2 mm). Colócalo en el horno y enciende la luz del horno. Déjalo en el horno hasta que la masa madre se haya secado por completo (esto tardará entre doce y veinte horas). Luego desmenuza la masa seca, colócala en un frasco y cúbrela con una tapa. Guarde el frasco a temperatura ambiente en un ambiente seco.

h) Cuando estés listo para hornear, mezcla unas cucharadas de masa seca con 1 taza (200 ml) de agua y 1½ tazas (200 g) de harina. Al día siguiente, tendrás un "iniciador de masa madre activado".

100. Pan de oliva

Rinde 2 panes

Ingredientes
- 10½ onzas (300 g) masa madre de espelta
- 6 tazas (600 g) de harina de espelta tamizada
- 1¼ taza (300 ml) de agua a temperatura ambiente
- 1 cucharadas de miel
- 1 cucharadas de sal
- ⅔ taza (150 g) de aceitunas deshuesadas, preferiblemente una mezcla de verdes y negras

Direcciones

a) Mezclar todos los ingredientes excepto las aceitunas. Amasar bien. La masa debe quedar bastante "débil". Aplana la masa hasta formar un "pastel" de 30 cm (12 pulgadas) de diámetro. Picar la mitad de las aceitunas. Agrega las aceitunas picadas y mezcla con las aceitunas enteras. Enrolle la masa y déjela reposar durante 2 a 3 horas. Cortar la masa en 2 trozos y darles forma de panes. Deje reposar los panes durante otros 20 minutos.

b) Temperatura inicial del horno: 475 °F (250 °C)

c) Coloca el pan en el horno y reduce la temperatura a 400°F (200°C). Hornee durante unos 30 a 40 minutos.

d) Dobla la masa sobre las aceitunas.

e) Después de que la masa haya fermentado durante 2 a 3 horas, córtela por la mitad.

f) Dale forma al pan para que quede la mezcla de aceitunas.

CONCLUSIÓN

Las recetas caseras de masa madre son una excelente manera de disfrutar el delicioso sabor del pan de masa madre sin tener que depender de levaduras o aditivos comerciales. Al utilizar ingredientes naturales y tomarse el tiempo para dejar que la masa fermente, puede crear un pan nutritivo y sabroso que es perfecto para cualquier comida. Ya sea que sea un panadero experimentado o esté comenzando, estas recetas son fáciles de seguir y siempre producirán excelentes resultados. Entonces, ¿por qué no intentarlo y experimentar el placer de hornear tu propio y delicioso pan de masa madre en casa?

www.ingramcontent.com/pod-product-compliance
Lightning Source LLC
Chambersburg PA
CBHW070350120526
44590CB00014B/1080